BERNARD MEEHAN

EL LIBRO DE KELLS

GUÍA OFICIAL

Para Andrew I y Margaret; Sarah, Lisa y Andrew II

Agradecimientos

Al trabajar durante todos estos años en el Libro de Kells, he recibido la ayuda y consejo de muchos compañeros y amigos, entre ellos: Josep Batlle, Susan Bioletti, Cormac Bourke, Claire Breay, Michael Brennan, Denis Brown, Mary Cahill, Denis Casey, Christina Duffy, Jaroslav Folda, Peter Fox, Derek Hull, Daniel P. Mc Carthy, Patrick McGurk, Jane Maxwell, Dáibhí Ó Cróinín, Raghnaill Ó Floinn, Felicity O'Mahony, Timothy O'Neill, Stuart Ó Seanoir, Daniele Pevarello, Heather Pulliam, Michael Ryan, Maeve Sikora, Roger Stalley, Robert Stevick y mis antiguos y actuales compañeros de Manuscripts & Archives Research Library en el Trinity. También me ayudaron y animaron enormemente compañeros que por desgracia ya han fallecido: John Bannerman, Sean Freyne, Jennifer O'Reilly, Hilary Richardson y William O'Sullivan. Mi agradecimiento a todos ellos.

Portada Detalle del retrato de san Juan (f. 291v)

Página del título Los símbolos evangelistas que preceden al Evangelio según Marcos, en sentido de las agujas del reloj, comenzando por la parte superior izquierda son: el hombre (Mateo), el león (Marcos), el águila (Juan), y el ternero (Lucas), dispuestos alrededor de una cruz de bordes amarillos con serpientes en el centro. (f. 129v)

Frontispicio La página de *Xi Ro*. La primera vez que se menciona a Cristo tiene lugar aquí, en Mateo 1.18, dando por finalizada la genealogía de Cristo: *XPI* [Christi] *autem generatio* («la generación de Jesucristo»). (f. 34r)

Págs. 6-7 Imagen a doble página del comienzo de las *Breves causae* de Marcos: *ET ERAT IO/ HANNIS BAPTIZANS IHM ET UE/nit super eum* («y fue Juan quien bautizó a Jesús»). (f. 13r)

Publicado por primera vez en Reino Unido en 1994 como *The Book of Kells: An Illustrated Introduction to the Manuscript in Trinity College Dublin* por Thames & Hudson Ltd, 181A High Holborn, Londres WC1V 7QX

Esta edición es una versión revisada y actualizada por completo (2018). Reimpreso 2022

The Book of Kells: Official Guide © 1994 y 2018 Thames & Hudson Ltd, Londres

Las ilustraciones del Libro de Kells se reproducen con licencia de The Board of Trinity College, Universidad de Dublín.

Diseño de Peter Dawson gradedesign.com

British Library Cataloguing-in-Publication Data
Un registro de catálogo de esta publicación está disponible en la British Library.

ISBN 978-0-500-29423-9

Impreso y encuadernado en China por C&C Offset Printing Co. Ltd

Visítanos para no perderte de nuestros lanzamientos, eventos y contenidos exclusivos

thamesandhudson.com
thamesandhudsonusa.com
thamesandhudson.com.au

FSC
www.fsc.org
MIXTO
Papel | Apoyando
la silvicultura
responsable
FSC® C008047

ÍNDICE

explicit · Incipit

· sci

HANNIShABOZ

hit supereum spsoi

iosds unrasaat

temptatus :· Gpostu

ɧƃ‌eneracio

et occident eum et occisus tertia die re
surga at illi ignorabant uerbum et
timebant eum interrogare ∴

Uenerunt cafarnaum qui cum
domi essent interrogabat eos
quid in uia tractabatis ∴

Illi tacebant siquidem inter se
in uia disputauerunt quis esset
illorum maior et residens uocauit
duodecim et ait illis si quis uult primus
esse erit omnium nouissimus et omni
um minister et accipiens puerum sta
tuit eum in medio eorum quem cum
complexus est se et ait illis quisquis
unum ex huius modi pueris in nomin
meo receperit me recipit ∴

Quicumque me susciperit

Pág. anterior En Marcos 9.30–36, Jesús predice su muerte y resurrección. (f. 158v)

Abajo El principio de Lucas 4.1: *IESUS / AUTEM / PLENUS / SPIRITU / SANCTO* («Jesús, lleno del Espíritu Santo») Gerald Plunket de Dublín escribió estas palabras al completo a pie de página en el siglo XVI. (f. 203r)

El Libro de Kells puede considerarse como un símbolo que ensalza la creatividad irlandesa y el orgullo de su nación. El resto de manuscritos medievales están a la sombra de su enigmática imaginería, colores vivos y expresiva intensidad. La obra combina páginas de ornamentación con la transcripción de los Evangelios con el fin de dar una explicación visual a un público que esperaba encontrar color y esplendor dentro de las iglesias. Sin embargo, se trata de un trabajo vasto e irregular, recopilado por escribas y artistas con distintas habilidades, que no se hizo de una sola vez. Puede apreciarse de inmediato que el trabajo de algunos de los artistas, así como algunas páginas y detalles, son altamente refinados y elaborados con destreza. Llama la atención la complejidad de la página en la que aparece una cruz de ocho círculos [pág. 18], o el ímpetu en la caligrafía de la palabra *Et* en f. 158v, donde la serpiente que forma la barra de la *t* fluye sin esfuerzo formando una cruz [pág. anterior]. Pero otras páginas y detalles no son de una ejecución tan excepcional, como por ejemplo las secciones de f. 203r [abajo], cuyo trazo y colorido parecen un tanto improvisados, mientras que el artista de f. 183r parece haber salpicado pintura por encima de su decoración. Este contraste hace del Libro de Kells un fascinante y casi inagotable objeto de estudio.

El historiador galés Giraldus Cambrensis (Gerald of Wales) redactó una notable descripción de un manuscrito claramente similar al Libro de Kells, y que vio en la iglesia de santa Brígida, en Kildare en 1185:

> "De entre todos los milagros de Kildare nada parece ser tan milagroso como aquel maravilloso libro que dicen haber sido dictado por un ángel… Este libro contiene los cuatro Evangelios redactados por san Jerónimo con casi tantos dibujos como páginas, y todos ellos en espléndidos colores… Si los hojea de un vistazo, con indiferencia y sin mirar de cerca, podrían parecerle simples garabatos en lugar de composiciones hechas con esmero… Si usted… se sumerge en los secretos de esta obra, se dará cuenta de su complejidad… y no dudará en afirmar que debe ser el resultado del trabajo de ángeles y no de hombres".[1]

LOS COMIENZOS DEL LIBRO DE KELLS

El cristianismo llegó probablemente por primera vez a Irlanda a finales del siglo IV. Patricio, un inglés que con dieciséis años fue llevado preso a Irlanda, se hizo famoso como apóstol de los irlandeses y fundador de la iglesia de Armagh a finales del siglo V. En el 521 o 522, nació Columba, «la paloma de la Iglesia», durante la dinastía de la actual Donegal. En torno al 561 viajó a Dál Riata, en Escocia, y en el 563 se asentó en Iona, una isla fértil cercana a la isla de Mull. La diáspora de allí creció hasta convertirse en el próspero eje central de una confederación de casas monásticas que ejerció una gran influencia en los asuntos eclesiásticos de Irlanda y del norte de Inglaterra, siendo Lindisfarne su fundación más destacada. La Iglesia irlandesa se distingue de la romana en el modo de calcular la fecha de Pascua, en

la forma de la tonsura eclesiástica (el peinado de los monjes), y en su división en abades en lugar de obispos. Con la celebración del sínodo de Whitby en el 664, estas diferencias se resolvieron a favor de Roma, al menos en el norte de Inglaterra.

Los vikingos atacaron Iona en el 795, el 802 y en el 806, cuando asesinaron a sesenta y ocho miembros de la comunidad. Al año siguiente, parte de los que sobrevivieron se trasladaron a Kells, en el condado de Meath. Los Anales de Ulster describieron este hecho como: «la nueva fundación de Columba», mientras que parte de la comunidad monástica permaneció en Iona. Para el 814 se había finalizado la construcción de una iglesia en Kells.

Las reliquias de Columba, entre las que puede que se incluyan manuscritos, se enviaron de Kells a Iona en el 829, regresando a su lugar de origen dos años más tarde. La primera referencia al Libro de Kells, como el «gran Evangelio de Columba», se registró en el 1007, cuando los Anales de Ulster mencionaron su robo en la sacristía oeste de la gran iglesia de piedra de Kells y su posterior recuperación «después de dos meses y veinte noches». Es probable que la encuadernación y las hojas de portada y contraportada se perdieran durante el incidente. En el 1090, «los dos Evangelios», posiblemente el Libro de Kells y el Libro de Durrow (*c.* 700; Trinity College Dublin, MS 57), se llevaron de Donegal a Kells, junto con «la campana de los reyes», el *flabellum* de Columba (un abanico litúrgico que se utilizaba para proteger la Eucaristía y sus cálices de impurezas), y «siete veintenas de onzas de plata».[2]

¿El manuscrito se escribió en Kells, en Iona o una parte en cada lugar? ¿Y cuándo? No hay ninguna certeza al respecto, pero situar su creación en torno al año 800 permite que se atribuya a cualquiera de los dos monasterios, o a ambos. Podría haber sido elaborado en Iona antes de la primera incursión nórdica en el 795, o en Kells durante un periodo de calma tras la construcción de la iglesia en el 814.

Arriba Al final de esta página, aparece escrita con gran ímpetu la palabra *Et* y la serpiente que forma la barra de la *t* crea al final una cruz. (f. 158v)

El debate sobre este tema suele venir de la conjetura de que el Libro de Kells fue concebido como un objeto unitario, y esta teoría se reafirma debido a la presencia de periodos de violencia, reubicaciones urgentes y cambios de escriba. Sin embargo, el manuscrito da la impresión de ser, al igual que muchos otros artefactos medievales, un trabajo colectivo llevado a cabo sin coordinación o colaboración alguna entre escribas y artistas que trabajaron en diferentes épocas, y que no tenían por qué conocerse.

El Libro de Kells parece deber su identidad y su condición al trabajo de recopilación llevado a cabo supuestamente en Kells por parte de un escriba en particular, aludido más adelante como Escriba B (véase pág. 84). En el centro de esta compilación estaba el Evangelio según Juan, quizás traído de Iona. Con su magnífico retrato del Evangelista [pág. 57], y su estilo de escritura tradicional, es el único Evangelio en el Libro de Kells realizado por completo por un único escriba, llamado «A» (véase pág. 82). Puede que originalmente hubiera sido concebido como un manuscrito independiente, puesto que la Iglesia irlandesa sentía una gran devoción por san Juan, el apóstol que era especialmente querido por Jesús, y por ello ejemplares de su Evangelio circulaban como volúmenes sueltos.[3] Se cree que fue el propio Escriba A quien añadió elementos al Evangelio según Juan: textos anteriormente incompletos (ff. 1, 8v–19v) y una resma del Evangelio según Marcos.[4] Otros dos escribas, C y D (véase pág. 87), prepararon resmas (la mayor parte de Mateo y Lucas, y lo que quedaba de Marcos) que permitieron completar

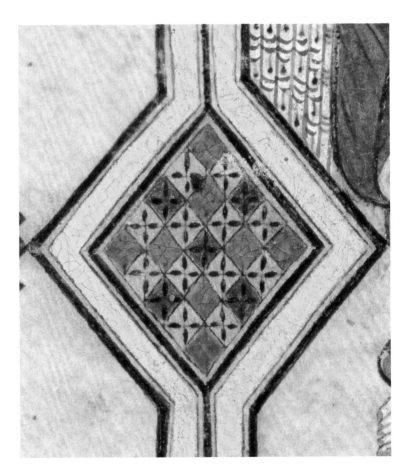

Derecha Aquí el artista parece haber salpicado una gota de pigmento rojo por encima del rombo morado de la parte inferior izquierda. (f. 183r)

la colección de los cuatro Evangelios, aunque las páginas decoradas no quedaban integradas adecuadamente en relación al texto. Al incluir f. 219 como una única hoja, que procedía seguramente de un manuscrito distinto, B se dio cuenta de que el texto del anverso ya aparecía en f. 218v con tres palabras adicionales, que se encontraban también en f. 219v, así que eliminó el texto en f. 218v [pág. 84]. Con los textos centrales unidos, el Escriba B completó secciones y proporcionó incorporaciones y numerosos detalles decorativos, en un intento por dar coherencia a lo que era hasta la fecha una dispar colección de secciones de Evangelio e imágenes. Estos supuestos acontecimientos explicarían la naturaleza irregular del Libro de Kells en el contexto de las circunstancias históricas tal y como se conocen.

EL LIBRO DE KELLS EN ÉPOCAS POSTERIORES

En 1211, Kells se incorporó a la nueva diócesis de Meath, la iglesia monástica funcionó entonces como iglesia parroquial de la ciudad. Durante la rebelión contra los colonizadores protestantes en 1641, la ciudad de Kells sufrió grandes daños, la iglesia quedó en ruinas durante más de cuarenta años, sirviendo únicamente de establo para caballos. El gobernador de Kells, Charles Lambart, Primer Conde de Cavan, mandó el manuscrito a Dublín probablemente en 1653 para asegurar su protección y el arzobispo de Meath (1661–82), Henry Jones, se encargó de entregarlo al Trinity College.

Arriba a la izqda. El monasterio de Iona, antes de su restauración a principios del siglo XX.

Arriba La cruz del mercado en Kells, vista desde la zona sur donde antes estaba la plaza del mercado, *c*. 1897. En el centro aparece la escena bíblica de Daniel en la guarida de los leones.

Pág. anterior La biblioteca del Trinity College, Dublín.

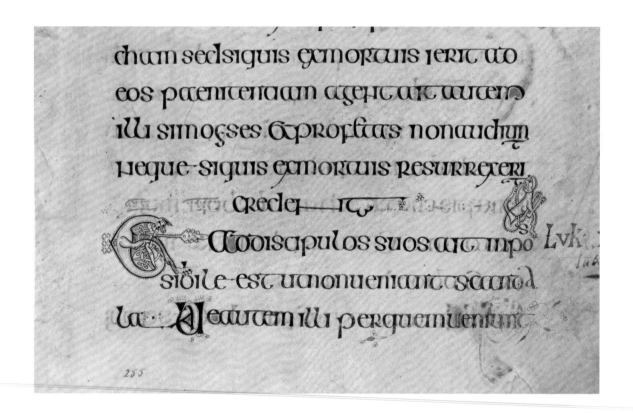

En 1742, se volvió a encuadernar el manuscrito, en parte como resultado de la recuperación de ff. 336/335, que fueron reintegradas en el libro con unas visibles manchas de hierro. George Mullen realizó la siguiente reencuadernación a principios de 1826, recibiendo un total de 22 libras y 15 soberanos de oro «por reparar el manuscrito de Columba». Las siguientes generaciones han juzgado como vandalismo lo que George Mullen consideraba reparación, especialmente en el recorte de las hojas. En 1895, Galwey of Eustace Street, Dublín, se encargó de encuadernar el manuscrito de nuevo y en 1953, Roger Powell llevó a cabo la siguiente encuadernación. Las hojas se alisaron cuidadosamente a través de hidratación y tensión, y el libro se dividió en cuatro volúmenes, uno para cada Evangelio.

En los siglos XI y XII se copiaron algunos documentos en irlandés en los espacios en blanco de ff. 5v-5r y 27r. En el siglo XV, se incluyó un poema a modo de protesta por el pago de impuestos en las tierras que pertenecían a la Iglesia; describía al manuscrito como: «venerado en los altares, entre las reliquias de la Iglesia» (f. 289v). Gerald Plunket de Dublín añadió en el siglo XVI numerosas firmas y anotaciones, entre las que se incluyen transcripciones mal realizadas de los textos, por ejemplo, en f. 203r [pág. 9]. Las firmas de la reina Victoria y Alberto, y la fecha de su visita, el 7 de agosto de 1849, se añadieron a las hojas en blanco que se habían incorporado al libro en la reencuadernación de 1826.

Arriba Gerald Plunket anota el capítulo y el versículo de Lucas 17.1 en el margen. La primera *Et* estaba en ese lugar antes que el texto, por lo que interrumpe la letra *b* de *inpo/sibile*.

Abajo Un acta de noviembre de 1133, por la que se cedían tierras a la comunidad monástica de Kells, se añadió en el margen inferior de una de las tablas canónicas. (f. 6r).

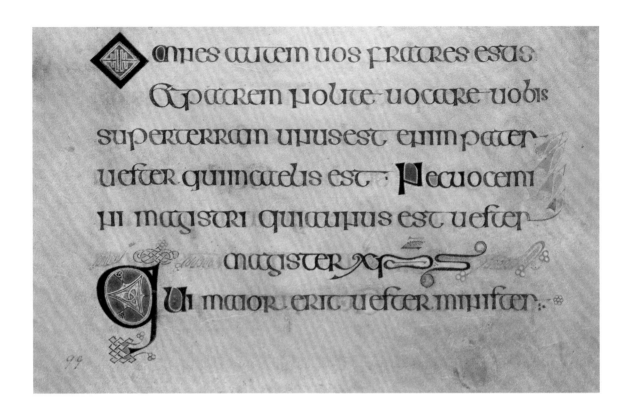

ACLARACIONES SOBRE EL LIBRO DE KELLS

Arriba En Mateo 23.8–11, Jesús ataca a los escribas y fariseos diciendo que «uno es vuestro Maestro, Cristo». La abreviatura para *Christus (xps)* se recalca en la penúltima línea. (f. 99r)

Al dorso Conclusión del Canon I: los símbolos evangelistas bajo el arco de arriba representan la unidad, el león aparece lamiendo la cara del hombre, mientras que las alas del ternero y el león forman una cruz. En el arco exterior, la vid brota de un cáliz volcado. (f. 2r)

ORTOGRAFÍA

El latín medieval del Libro de Kells no tiene las letras *j*, *v* y *k*. La ortografía es errática. Las letras se intercambian con frecuencia: *y* e *i*, *ae* y *e*, *m* y *n*, *b* y *p*. Los manuscritos insulares normalmente duplicaban las consonantes; predominaba el uso de *ss* en lugar de *s*, y en *f*. 227v hay una doble *t* en *tettigisset* («[y] tocando [su oreja]»; Lucas 22: 51). En los fragmentos del siguiente manuscrito, *ihs* (Jesús) y sus declinaciones gramaticales aparecen a lo largo del texto como *iesus* y sus respectivas declinaciones gramaticales; lo mismo ocurre con *dns* (señor) que aparece como *dominus*; *xps* (Cristo) como *christus*; *ds* (Dios) como *deus*; *sps* (espíritu) como *spiritus*; y *scs* (santo) como *sanctus*.

LAS CITAS EN LAS PÁGINAS

Referencias a *f.* y *ff.* son a folio/s, que a su vez se refiere a hoja/s.
El anverso (recto) y el reverso (verso) de un folio aparece como *r* y *v*.

LA TRADUCCIÓN DE LOS EVANGELIOS

Las traducciones al inglés y el vocabulario de los textos del Evangelio son una versión de Douay, una traducción que comenzaron los católicos ingleses en el siglo XVI, de la Vulgata escrita por Jerónimo en latín: *The New Testament: Douay Version, intro*, by Laurence Bright (*El nuevo Testamento: versión de Douay*, introducción por Laurence Bright) Londres, 1977.

ESTRUCTURA DEL LIBRO DE KELLS

Pág. anterior Una cruz de ocho círculos con doble brazo que representa los ocho días de la Pasión de Cristo (véase también pág. 44). Incluye entrelazados de leones estilizados (la mayor parte en rojo), serpientes (amarillo) y pavos reales (morado) minuciosamente ejecutados. (f. 33r)

El Libro de Kells contiene los cuatro Evangelios (según Mateo, Marcos, Lucas y Juan). Los Evangelios relatan la vida, muerte y resurrección de Cristo. El Evangelio según Marcos (*c*. año 70 d. C.) se considera la primera referencia escrita junto con el de Mateo y Lucas (*c*. año 80-85 d. C.) que añaden material complementario. Estos tres testimonios se conocen como Evangelios sinópticos. El Evangelio según Juan (*c*. año 95-100 d. C.) se diferencia del resto en su contenido y enfoque. Considerado durante mucho tiempo como el trabajo del apóstol Juan, en cuyo testimonio se basaba (Juan 21.24), ahora se mantiene la tesis de que se trataba de un trabajo colectivo. Los textos del Evangelio en Kells son de una «familia irlandesa» de la Vulgata, encargados por el papa Dámaso I (papa del 366 al 384) a Jerónimo (*c*. 347-420), y recopilados por este último tras su estudio de textos del hebreo, griego y latín.[5] Al principio se agruparon los textos preliminares.

El manuscrito actualmente contiene 340 páginas. En 1588 una persona anónima afirmó que: «el libro tiene un total de doscientas hojas, cinco veintenas y tres hojas más, a fecha de, 27 de agosto de 1588» (f. 334v). En aquel sistema, «cien» eran seis veintenas (6 x 20), o 120, haciendo un total de 343 hojas en aquella época. James Ussher, siendo arzobispo electo de Meath, comprobó el recuento: «el 24 de agosto de 1621 he contado las hojas de este libro y han resultado ser 344. / Aquel que contó antes que yo seis veintenas hasta la centena, y [*sic*]».

James Henthorn Todd, bibliotecario del Trinity College del 1852 al 1869 llevó a cabo la actual numeración de las hojas en la esquina inferior izquierda de cada anverso. Por error, repitió el 36 dos veces; el segundo se modificó por 36*.

TABLAS CANÓNICAS

Eusebio de Cesárea (*c.* 260-*c.* 340) ideó las tablas canónicas o tablas de concordancia entre los pasajes de los Evangelios, que vinculan a dos o más evangelistas y que se encuentran en ff. IV-6r. Las concordancias permiten al lector, al menos en teoría, moverse de un evangelio a otro. Los Cánones I-VIII se dividen en tablas bajo arcos arquitectónicos que dan lugar a decoraciones variadas y extravagantes siguiendo las preocupaciones temáticas del manuscrito [arriba y en la pág. siguiente]. Los Cánones IX-X se dividen en cuadrículas, en un cambio evidente en el diseño y el color, probablemente al ser ejecutado por un escriba que trabajó con posterioridad al resto [pág. 14].

Arriba a la izqda. Lista del Canon I, bajo los arcos, los pasajes que se reproducen en los cuatro Evangelios. La primera hoja que se conserva del manuscrito, fue dañada e incluida en una nueva vitela. (f. IV)

Arriba a la dcha. La segunda página del Canon II hace referencia a los pasajes que se reproducen en el Evangelio según Mateo, según Marcos y según Lucas. Un cáliz está situado sobre el arco —junto con pavos reales como símbolo de Cristo— que agarran las lenguas de leones, para reflejar la imagen de Cristo entre los dos leones en f. 2v (pág. 58). (f. 3r)

Pág. siguiente En el Canon VI (Mateo y Marcos), VII (Mateo y Juan), y VIII (Lucas y Marcos) predominan símbolos alados de hombres (Mateo) y el águila (Juan), sus plumas están dibujadas con extraordinario detalle. Como en las páginas anteriores, el Escriba B añadió los números del canon y los epígrafes. (f. 5r)

LA VIRGEN Y EL NIÑO

La Virgen, sentada en el trono con el niño Jesús en el regazo, está rodeada por los arcángeles Miguel, Gabriel, Rafael y Uriel. Tres de ellos sujetan un *flabellum*, mientras que el cuarto sostiene una vara, que quizás representa un hisopo o aspersorio litúrgico.[6] La base del trono está decorada con cruces y la cabeza de un león en el respaldo representa a Cristo. El broche de la Virgen tiene forma de rombo junto con otros cuatro rombos dentro del mismo, lo cual también representa a Cristo. El manto es de color púrpura, el tono propio de la Roma imperial y está decorado con tres puntos siguiendo la tradición del este en la que los motivos se usaban en las prendas más finas.[7] La devoción a María viene de la época de Columba: en las palabras del himno compuesto en Iona *c.* 700, «es la más grande… la santísima Virgen venerada».[8] La imagen, que se ha hecho popular en el mundo insular a través de iconos, es similar a la punta de la Cruz de san Orán en Iona y al cofre de san Cuthbert de finales del siglo VII en la catedral de Durham. Seis cabezas de perfil en el margen derecho indican que debería leerse junto con f. 8r [pág. 25].

LOS NOMBRES EN HEBREO

Se calcula que en torno a las diez primeras hojas desaparecieron. La primera página que sobrevivió (f. 1r) sufrió daño histórico. Esta página contiene la última columna de una guía etimológica defectuosa y abreviada que recopiló Jerónimo *c.* 389 sobre nombres hebreos que aparecen en la Biblia. El listado va desde *Sadoc* hasta *Zaccheus*, con su respectivo significado en latín. A modo introductorio de las tablas de concordancia que comienzan al dorso, la columna de la derecha contiene símbolos de los evangelistas alados en grupos de dos: Mateo (hombre) y Marcos (león), después Juan (águila) y Lucas (ternero). Cada símbolo sostiene un libro rojo. La mano izquierda del hombre extiende el brazo y sujeta el final de su pelo trenzado, similar a la figura al comienzo de f. 8r. En Lucas ff. 26r-v, aparece una lista de nombres hebreos abreviada de manera similar.

BREVES CAUSAE Y *ARGUMENTA*

Las *Breves causae* (listas con contenido de cada capítulo) y las *Argumenta* (prefacios que pretenden caracterizar a cada evangelista y discernir el significado que hay detrás de su texto) aparecen unidas, para los cuatro Evangelios, en ff. 8r-25v.

Las *Breves causae* son prosaicos textos a modo de resumen, pero las *Argumenta* se crearon a finales del siglo IV, en un estilo en latín que incluso ha resultado difícil de comprender, interpretar o situar teológicamente hasta para los historiadores. John Chapman en 1908 describió estos textos como «obras de arte en ocultar su significado»,[9] y solo fue capaz de intentar traducirlas. En Marcos, por ejemplo, «se dice que se cortó el dedo después de haber recibido la fe, para así ser considerado no apto para el sacerdocio».[10]

En f. 8r [pág. siguiente], comienzan las *Breves causae* de Mateo donde se habla del nacimiento de Cristo a página entera. Este texto concuerda de manera adecuada con la imagen de la página anterior en la que aparece el niño Jesús en el regazo de la Virgen María [pág. 22]. El *Argumentum* del Evangelio según Mateo comienza en f. 12r [arriba]. Seguido de las *Breves causae* de Marcos en f. 13r. El *Argumentum* de Marcos empieza en f. 15v. Por lo que se puede apreciar, el orden de los textos está alterado, con el *Argumentum* de Lucas en f. 16v, seguido del *Argumentum* de Juan en f. 18r. Las *Breves causae* de Lucas están en ff. 19v-23v, mientras que las *Breves causae* de Juan continúan en ff. 24r-25v. Todos excepto el primer y último texto cuentan con un distintivo ornamental antes del comienzo del mismo.

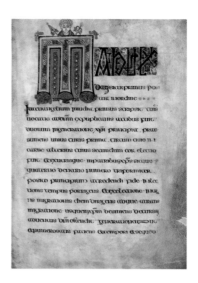

Arriba Las primeras palabras del *Argumentum* de Mateo están expuestas ornamentalmente: *MATHEUS EX IU/daeis sicut primus poni/tur in ordine* («Mateo era judío, aunque fuese el primero en orden»). (f. 12r)

Pág. siguiente Las *Breves causae* empiezan con el nacimiento de Cristo en Belén. La página crea una compleja y hermosa mezcla de texto y decoración. (f. 8r)

Natiuitas xp̄i in bethlem iudeae magi munera offerunt
et infantes interficiuntur

EL EVANGELIO SEGÚN MATEO

El Evangelio según Mateo comienza con tres páginas decoradas: símbolos de los evangelistas alrededor de una cruz en f. 27v [pág. 54]; Mateo sosteniendo su Evangelio en f. 28v [pág. 56]; y las palabras *Liber generationis* («El libro de la generación»), a modo de introducción a la vida de Jesús en f. 29r. Cristo está sentado en el trono en f. 32v [pág. anterior]. La «cruz de ocho círculos» en f. 33r [pág. 18] es una página «tapiz» repleta de decoración, que representa una cruz de doble brazo con ocho círculos incrustados en un marco. La página de *Xi Ro* en f. 34r [pág.2], usa las iniciales en griego del nombre de Cristo (*Xi* y *Ro*) en la frase *Christi autem generatio* («la generación de Jesucristo»; Mateo 1.18). El episodio en el que Jesús reza en el monte de los Olivos aparece ilustrado en f. 114r [pág. 71]. Al dorso de esta página, en f. 114v [abajo a la izquierda], se da énfasis a las palabras *TUNC DI/CIT ILLIS IHS OM/NES USO SCAN [dalum]* («Entonces les dice Jesús: "Todos vosotros vais a escandalizaros [de mí esta noche]"»; Mateo 26.31). La descripción de la crucifixión aparece en f. 124r [siguiente pág. a la derecha]: *TUNC CRU/CIFIXERUNT / XPI [CHRISTI] CUM / EO DU/OS LA/TRONES* («Entonces crucificaron con él a dos ladrones»; Mateo 27.38). Posiblemente habían pensado incluir una imagen de la crucifixión en la página opuesta.

Abajo a la izqda. La página de Mateo 26.31 dice: *TUNC DI/CIT ILLIS IHS OM/NES UOS SCAN[dalum]...* («Entonces les dice Jesús: 'Todos vosotros vais a escandalizaros [de mí esta noche]'»). (f. 114v)

Abajo Los ancestros de Jesús aparecen en dos columnas. Se dibujaron el contorno de un marco y una cruz en su interior, pero solo se colorearon parcialmente. (f. 30v)

Pág. siguiente Sentado en un trono, Cristo sostiene un Evangeliario de color rojo. Pavos reales rodean su cabello dorado, símbolo de resurrección. (f. 32v)

Al dorso (izqda.) Mateo 24.34–40, del sermón del monte de los Olivos. (f. 105v)

Al dorso (dcha.) Mateo 27.38: *TUNC CRU/CIFIXERUNT / XPI [CHRISTI] CUM / EO DU/OS LA/TRONES* («Entonces crucificaron con él a dos ladrones»), las últimas palabras aparecen en forma de cruz. (f. 124r)

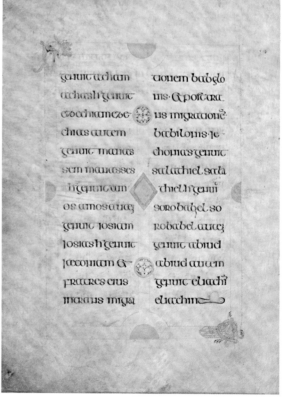

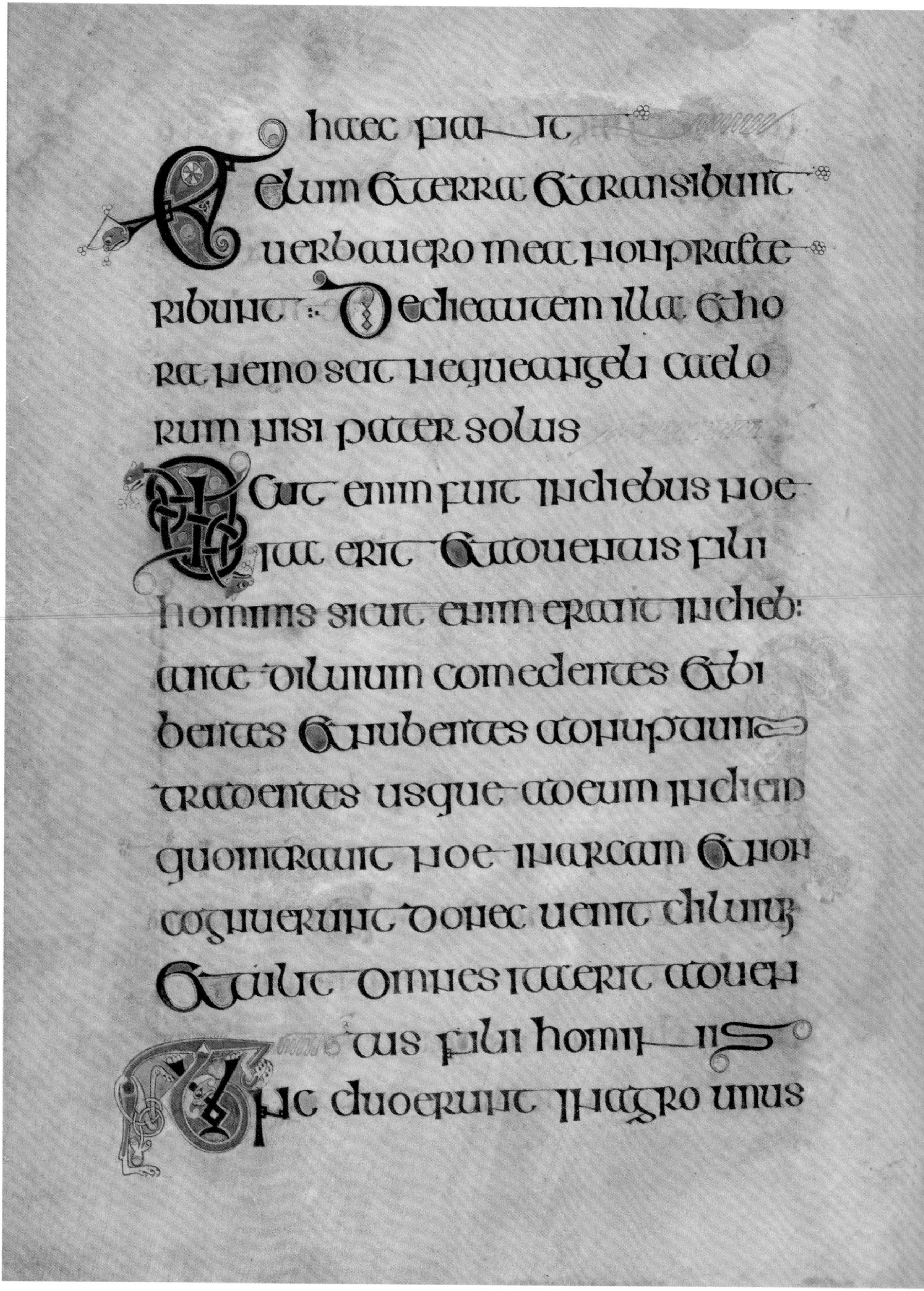

haec fiat . . .

Celum & terra & transibunt

uerba uero mea non prate-

ribunt : De die autem illa & ho-

ra nemo scit neque angeli caelo-

rum nisi pater solus

Sicut enim fuit in diebus Noe

ita erit & aduentus filii

hominis sicut enim erant in dieb:

ante diluuium comedentes & bi-

bentes & nubentes ac nuptum

tradentes usque ad eum in diem

quo intrauit Noe in arcam & non

cognuerunt donec uenit diluui[um]

& tulit omnes ita erit aduen-

tus filii homin[is]

Tunc duo erunt in agro unus

EL EVANGELIO SEGÚN MARCOS

En f. 129v [abajo a la izquierda y pág. 1], comienza el Evangelio según Marcos, donde se pueden contemplar los símbolos de los evangelistas alrededor de una cruz de bordes amarillos con serpientes entrelazadas en el centro. Las primeras palabras del Evangelio, *INIT/IUM EUANGE/LII IHU [IESU] / XPI [CHRISTI]* («El comienzo del Evangelio de Jesucristo») continúan en f. 130r [pág. siguiente]. Aquí, una figura en la parte superior derecha lleva puesto un vestido blanco decorado con entrelazados y puntos. Con su mano derecha tira de su propia barba; con la izquierda agarra la lengua de un león que está mordiendo su torso.

Posiblemente el retrato de Marcos habría precedido las palabras iniciales de su Evangelio. Una práctica común entre los escribas, con el fin de copiar el texto con mayor rapidez, consistía en pintar en hojas sueltas páginas con gran cantidad de decoración, pero esta práctica hacía que las hojas fuesen vulnerables a extravíos o pérdidas cuando la encuadernación se rompía.

En f. 187v [abajo a la derecha], las últimas palabras del Evangelio según Marcos (16.19-20) están situadas en la sección superior e inferior de una cruz de san Andrés, donde aparecen a cada lado un hombre alado y un león – el símbolo de Marcos – flanqueados por leones alargados.

Abajo a la izqda. Los símbolos evangelistas que preceden el Evangelio según Marcos son, desde arriba a la izquierda: el hombre (Mateo), el león (Marcos), el águila (Juan), y el ternero (Lucas), situados alrededor de una cruz de bordes amarillos. (f. 129v; véase también pág. 1)

Abajo La última página del Evangelio según Marcos. Dos leones, símbolo de Marcos, aparecen alargados en ambos lados de la página, con la pata de cada uno formando una cruz de san Andrés. A la derecha, el león alado de Marcos, a la izquierda, «el ángel del Señor». (f. 187v)

Pág. siguiente Las primeras palabras del Evangelio según Marcos: *INIT/IUM EUANGE/LII IHU [IESU] / XPI [CHRISTI]*. («El comienzo del Evangelio de Jesucristo»). Las dos primeras letras están extendidas, con serpientes entrelazadas al final de las mismas. (f. 130r)

EL EVANGELIO SEGÚN LUCAS

La primera palabra del Evangelio según Lucas, *QUONIAM* («Puesto que») en f. 188r está casi escondida entre un amasijo de decoración [pág. siguiente]. La letra *Q* cubierta con decoración de una trompeta en forma de espiral se extiende a lo largo de la página, con la *U* y la *O* dentro de su redondel. Las letras *N/IAM* se encuentran en la parte inferior derecha de la página. A su alrededor hay veinte figuras desconocidas. Una vierte vino en la copa que sostiene la otra; otras dos tienen sus cabezas dentro de bocas de león, quizás representando la boca del infierno; y otras tres parece que cuelgan de una cruz. Abunda el tratamiento decorativo de la genealogía de Jesús (Lucas 3.22-38) en numerosas páginas, ff. 200r-202r [abajo]. La tentación de Jesús por el diablo (f. 202v) es una imagen compleja [págs. 52, 70], con las palabras *IESUS / AUTEM / PLENUS / SPIRITU / SANCTO* («Jesús, lleno del Espíritu Santo»; Lucas 4.1) en f. 203r [pág. 9]. En f. 285r las palabras *UNA / AUTEM SAB/BATI UALDE DELU[culo]* («El primer día de la semana, al despuntar el alba»; Lucas 24.1) dan comienzo al testimonio de las mujeres que se acercaron al sepulcro [pág. 53].

Abajo La genealogía de Jesús (Lucas 3.32–38), desde Naasson (arriba a la izqda.) hasta Adán y Dios (abajo a la dcha.: véase págs. 36–37). La palabra *Qui* va hacia abajo en ambas páginas y en distintas formas. (ff. 201v–202r)

Pág. siguiente La primera palabra del Evangelio según Lucas, *QUONIAM* («Puesto que»). (f. 188r)

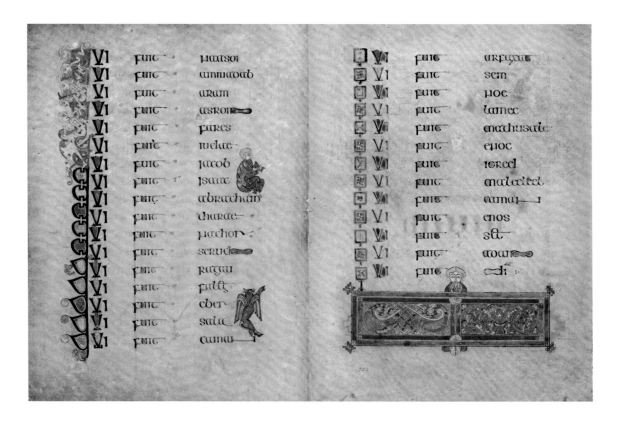

EL EVANGELIO SEGÚN JUAN

Al Evangelio según Juan le faltan unas doce hojas del final, probablemente arrancadas tras el robo del manuscrito de la iglesia de Kells en el 1007. El texto restante termina en f. 339v, en Juan 17.13. Los símbolos de los cuatro evangelistas se muestran dentro de un marco de la cruz de san Andrés en f. 290v [pág. 55]. Un imponente retrato de Juan, representado como escriba, en f. 291v [pág. 57]. Junto al retrato, aparece el comienzo del Evangelio según Juan en f. 292r [siguiente pág.] *IN P/RINCI/PIO ERAT UER/BUM [ET] UER[B]UM* («Al principio existía el Verbo y el Verbo»). Las letras *IN P* —rodeadas por serpientes entrelazadas, cruces y ornamentación abstracta— predominan en la composición. Las serpientes forman las letras *RIN* y *C*, con la *C* creando la forma de un harpa, tocada por un hombre que forma la letra *I*. El deseo del artista por decorar ha sido mayor que el de dar legibilidad al texto, hasta tal punto que las letras *ET* y *B* no aparecen en la última línea.

Abajo En el margen izquierdo de la página el aliento de dos leones toma la forma de uvas de la Eucaristía. En el margen derecho, en Juan 6.53, los judíos preguntan: «¿Cómo puede este hombre darnos su carne para comer?» (ff. 309v–310r)

Pág. siguiente Las primeras palabras del Evangelio según Juan, *IN P/RINCI/PIO ERAT UER/BUM [ET] UER[B]UM* («Al principio existía el Verbo y el Verbo»), forman una de las páginas más espléndidas del manuscrito. (f. 292r)

Al dorso Para finalizar la genealogía de Jesús (véase pág. 32) una figura aparece tras un altar decorado con paneles de pavos reales y uvas que salen de un cáliz. (f. 202r)

camai·tur—
enos
s&t
coam—
di·.

DECORACIÓN DEL LIBRO DE KELLS

A pesar de ser profusa, además de confusa en algunos fragmentos, la decoración del libro del Libro de Kells tiene una temática recurrente que sirve de trasfondo rítmico para el texto: Cristo (su naturaleza y su vida, su sufrimiento en la cruz y su resurrección); la Eucaristía como camino a la vida eterna; y los evangelistas. En muchas de sus páginas se representa el Evangeliario sostenido por el propio Cristo, los ángeles o los evangelistas y sus símbolos.

Las páginas del texto se diseñaron con gran sofisticación. En Mateo 15.28, en f. 75r [pág. 41], las últimas cuatro líneas se unen con el último versículo del testimonio de una mujer de Canaán que implora a Jesús que ayude a su hija, poseída por el demonio: *Tunc respondens iesus ait ei / O mulier magna est fides tua fiat tibi / sicut uis et sanata est filia illius ex illa / hora* («Entonces respondiendo Jesús, dijo: '¡Oh mujer, grande es tu fe! Hágase contigo como quieres'. Y su hija fue sanada desde aquella hora.»; Mateo 15.28). El texto destaca y al mismo tiempo aparece delimitado, ya que la cabeza de un león en la barra de la *T* de *Tunc* mira hacia abajo para llamar la atención de otro león que está al final de la última línea. Las palabras de Jesús en las líneas 15–16 están delineadas con líneas rojas diagonales que cumplen la misma función que las comillas en la actualidad.

Pág. anterior El hombre, símbolo de Mateo, se sitúa en la parte superior de una columna que hace referencia a su Evangelio en el Canon IV. Sostiene su Evangeliario y a su lado hay un cáliz del que emanan flores. (f. 4r)

Derecha La cabeza de un león de perfil, con la lengua roja saliendo, en lo alto de la página donde, en el sermón del monte de los Olivos, Jesús predice su resurrección. (Mateo 26.31). (f. 114v)

ANTECEDENTES E INFLUENCIAS

El Libro de Kells hace uso de una variada herencia decorativa de diseños abstractos y representaciones de animales. La escala y gama en su decoración ha hecho que los historiadores encuentren similitudes con el arte anglosajón, picto, bizantino, armenio y carolingio. Como contribución a la formación del estilo insular se presupone que habían circulado en Irlanda como importaciones: joyería, monedas, productos textiles, iconos y manuscritos, desde finales del periodo Clásico, así como principios de la Cristiandad. Naturalmente, viajar propició el movimiento de objetos de valor, además del traslado y adaptación de motivos de un medio o lugar a otro. El descubrimiento de que la cubierta de finales del siglo XVIII del salterio de Faddan More estaba revestida de papiro confirmó la existencia de vínculos con el este del mediterráneo[11], hecho que ya se sospechaba con anterioridad. El Libro de Kells posee influencia del mediterráneo debido a la asimilación y adaptación por parte de los artistas.

Desde que Columba fundase Durrow (condado de Offaly), el Libro de Durrow (*c.* 700; Trinity College Dublín, MS 57), es considerado como el primero de los manuscritos del Evangelio insular decorado por completo que se conservan. Los textos preliminares se asemejan a los de Kells, y la cruz que ocupa toda la página en Kells f. 33r [pág. 18] parece proceder de la imagen de Durrow f. IV. Pionero del trabajo realizado por los artistas de Kells, el entrelazado en Durrow se combina con motivos dibujados de artículos decorativos de metal y aparatos de trompeta en espiral, que tenían antecedentes nativos. El primer entrelazado insular que se conserva es un Evangeliario incompleto de mediados del siglo VII probablemente de Iona y que se encuentra en la biblioteca de la catedral de Durham, MS A.II.10 f. 3v.

Los puntos rojos que resaltan la forma de las letras, y que son una característica llamativa en el Libro de Kells, son habituales en el «Codex Usserianus Primus» (Trinity College Dublín, MS 55), un Evangeliario que data de principios del siglo VII. Otros elementos gráficos del Libro de Kells — las trompetas en forma de espiral, el pez y la cruz — representan el principal adorno del Cathach, «el luchador» (Dublín, Royal Irish Academy, MS 12.R.33), un salterio de *c.* 600 tradicionalmente atribuido al propio Columba. El Cathach empleaba el «diminuendo», que consiste en reducir el tamaño de las letras en el comienzo de cada sección. El Libro de Kells también utilizaba esta técnica, pero se aplicaba solo a las dos primeras letras de cada palabra. Rellenar las palabras iniciales con bloques de diferentes colores es una técnica cuyos primeros ejemplos se atribuyen a los manuscritos de la biblioteca de la catedral de Durham, MS A.II.10 f. 2r y en Milán, a la Biblioteca Ambrosiana, MS S.45.sup. pág. 12, esta última obra es una copia de principios del siglo VII del comentario de Jerónimo sobre el libro de Isaías que procede de la fundación irlandesa de Bobbio en el norte de Italia.

Pág. siguiente Mateo 15.22–28 se refiere a una mujer de Canaán que suplica a Jesús que cure a su hija, poseída por el demonio. La fe de la mujer hace que su hija se cure. (f. 75r)

filia mea male a demonio uexatur qui

nonrespondit ei uerbum & accedentes

discipuli eius Rogabant eum dicentes

dimitte eam quiaclamat post nos⁑

Ipse autem respondens ait nonsū

misus nisi adoues quaeperierunt·

domus israhel⁖

At illa uenit & adorauit eum dicen

dne adiuua me· quirespondens

ait nonest bonum sumere panem filí

orum & mittere canibus· At illa dixi

etiam dne· nam & catuli edunt demi

cis quaecadunt demensis dominorū

suorum ⁖ Tunc respondensihs aitei⁖

O mulier· magna est fidestua· fiat tibi

sicut uis & sanataest filiaillius exila

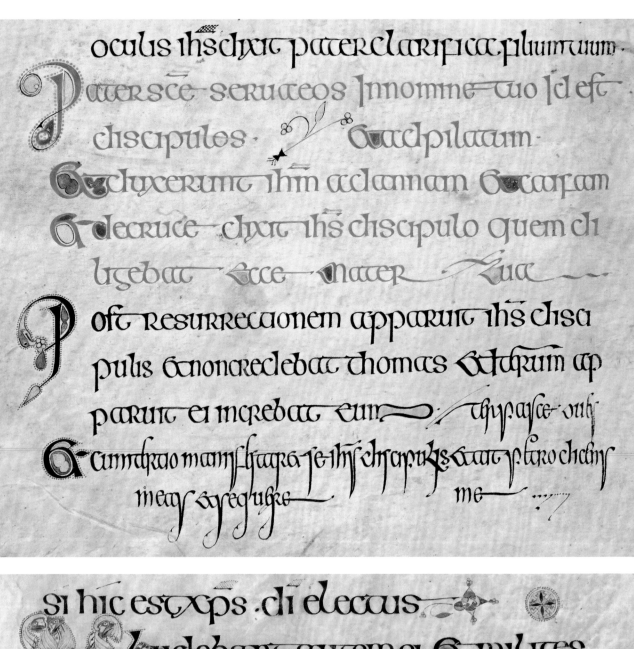

oculis ihs dixit pater clarifica filium tuum ·

Pater scē serua eos In nomine tuo id est
discipulos ·   duxit pilatum ·

Eduxerunt ihm ad locum qui uocatur
& decruce dixit ihs discipulo quem di
ligebat ecce mater tua

Post resurrectionem apparuit ihs disci
pulis & non credebat thomas & alterum ap
paruit ei increbat eum ·   thys apsce vniḡ

cum dicto manifestaura se ihs discipulis aiat petro diligis
meus srregulare   me ·

si hic est xps di electus

uidebant autem ei & milites
acccedentes & aceaum offerentes
illi dicentes si tu es rex iudeorum
saluum te fac

Erat autem & super scribtio illi
scribta   super illum litteris

Pág. anterior, arriba La primera página de las *Breves causae*, escrita por el Escriba B. Tres líneas del final de la página, texto en minúscula, se asemejan a secciones del Libro de Armagh. (f. 25v)

Pág. anterior, abajo La Pasión, en el Evangelio según Lucas (23.34–39), está decorada profusamente con iniciales redondeadas a la izquierda y con forma de cruz a la derecha. Tres leones forman las primeras dos letras de *Inludebant* («burlarse de él»). (f. 283r)

Los Evangelios de Barberini del siglo VIII (Roma, Biblioteca del Vaticano, MS Barberini Lat. 570) se asemejan al Libro de Kells en la ilustración indirecta del texto: en f. 17v, por ejemplo, la frase «mirad las aves del cielo» (Mateo 6.26) parece que se ha ilustrado en la página opuesta con cuatro pájaros comiendo uvas.[12] En los Evangelios de Lichfield del siglo VIII (biblioteca de la catedral de Lichfield) se aplicaron pigmentos, al igual que en el Libro de Kells, en capas de diferentes colores. El texto del Evangelio según Juan recogido en los Evangelios de Durham de comienzos del siglo VIII (biblioteca de la catedral de Durham, MS A.II.17) parece que se utilizó como modelo en el Libro de Kells.[13]

El Evangelio de Macregol (Oxford, biblioteca de Bodleian, MS Auct. D.2.19), espléndidamente decorado, tiene su colofón en el nombre de su principal escriba, Macregol, Abad de Birr, Condado de Offaly. Dado que murió en el 822 se puede establecer la fecha aproximada en la que terminó su trabajo y sirve para compararlo con otros manuscritos.

El escriba Ferdomnach elaboró parte del Libro de Armagh (Trinity College Dublín, MS 52) para Torbach, quien servía como abad de Armagh en el año 807. Este libro contiene el Nuevo Testamento junto con textos relacionados con san Patricio. Hay grandes semejanzas entre el estilo de los símbolos evangelistas, realizados en bolígrafo y tinta, y aquellos que aparecen en el Libro de Kells, así como entre los pasajes que escribió en letra minúscula y la floritura en las últimas líneas de las páginas en Kells.

Estas comparaciones se basan en un pequeño corpus de manuscritos insulares que pudieron conservarse, por lo que descubrimientos de material nuevo podrían provocar cambios considerables en la percepción de los eruditos. Tres pequeños fragmentos del Evangelio según Lucas recuperados de un libro encuadernado en Alemania (Berlín, Geheimes Staatsarchiv Preussischer Kulturbesitz XXHA, Nr 84, 71, a,b,c), y que actualmente se está investigando, mantienen una gran similitud con el texto, aunque no con la decoración del Libro de Kells.[14]

TEMAS Y SÍMBOLOGÍA

Pág. anterior Detalle de la página de la cruz de ocho círculos (véase pág. 18). Figuras de humanos de color rojo se entremezclan con pavos reales y leones, formando la que quizás es la decoración más compleja de todo el manuscrito. (f. 33r)

Abajo En Marcos 8.34 la palabra *Et* contiene cruces de color verde y blanco (con tres puntos a ambos lados), mientras que la barra de la *t* forma otra cruz. (f. 155r)

I. LA CRUZ

El poema de Columba *Altus prosator* proclamó la cruz como señal de la Segunda Venida:

> Cuando Cristo, el altísimo Señor, descienda de los cielos, la señal más luminosa y estandarte de la cruz brillarán en lo sucesivo.[15]

La cruz era primordial en la fe cristiana como símbolo del sacrificio de Cristo y en su función redentora, siendo un distintivo de los manuscritos del Evangelio al menos en algunos de épocas tan tempranas como el códice Coptic Glazier de *c.* 500.[16]

La cruz aparece representada a gran escala en la página de la cruz de ocho círculos (f. 33r) [pág. 18]. En otras páginas, un examen más minucioso revela ejemplos de menor tamaño de este motivo en concreto. Por ejemplo, en la sección izquierda del papel del margen inferior derecho de f. 34r, las cabezas de los pavos reales se unen en una cruz decorada con hojas, dibujada en una escala tan pequeña que solo aquellos que se inclinen al libro, con buena luz, podrán verla. Cruces griegas complejas, considerablemente similares en la artesanía del metal, rodean el retrato de Juan en f. 219v [pág. 57]. Los símbolos evangelistas de ff. 27v, 129v y 290v [págs. 54, 1, 55] están dispuestos alrededor de cruces. El texto de Mateo 27.38, «[Entonces crucificaron] con él a dos ladrones» está dispuesto en f. 124r en forma de cruz. En las secuencias de la Pasión de los evangelios predominan formas de cruces; en f. 283r (Lucas, 23.34-39) cruces en forma de círculo rellenan los espacios al final de línea [pág. 42].

Para Agustín (354-430), la cruz era «una trampa para el diablo».[17] Se protegían y señalaban con cruces los terrenos monásticos y los límites de la iglesia: «donde quiera que esté el símbolo de la cruz de Cristo, no te podrán hacer daño» tal y como

Pág. anterior Cruces entrelazadas en un estilo que se asemeja a la artesanía del metal, rodean la página del retrato de Juan (pág. 57). La cruz está a la izquierda. (f. 291v)

Abajo Un elaborado entrelazado y una cruz coloreada se sitúan dentro de un rombo en la palabra *Et* en Lucas 4.2, que relata la tentación por el diablo (f. 203v)

se mencionaba en los cánones irlandeses.[18] Esta función apotropaica y protectora se refleja en Lucas 4.1–7 (f. 203v): Jesús fue llevado por el Espíritu Santo al desierto por cuarenta días, y era tentado por el diablo. Y no comió nada en aquellos días, pasados los cuales, tuvo hambre. Entonces el diablo le dijo: «Si eres Hijo de Dios, di a esta piedra que se convierta en pan». El artista creó una elaborada *Et* en la línea 4, en amarillo, rojo, morado y dos tonos de azul junto con dos espirales muy pegadas; en la parte morada colocó una cruz entrelazada dentro de un rombo, simbolizando que Jesús podría dibujar su poder [pág. 77].

En f. 179v, las letras *Su* de *Summus* al comienzo de Marcos 14.63 («entonces el Sumo sacerdote, rasgando su vestidura») se alargan dentro de un marco doble rectangular, la letra *S* aparece por partida doble, por un lado, como un rizo amarillo entrelazado alrededor de la letra *u* (en verde) y por otro, en una forma ovalada roja sobre la cual se sitúan las dos letras. Formas de ocho cruces (en azul), emergen de las curvas que representan la colina del Gólgota. En ese momento de la interrogación a Jesús por parte del Sumo sacerdote se hace una alusión visual a su venidera crucifixión y a su resurrección el octavo día de la Pasión.

Cruces de ocho hojas que se asemejan a una caléndula aparecen en los *flabella* que sostienen los ángeles a cada lado de la Virgen (f. 7v) [pág. 22]. Una cruz con varias hojas en el *flabellum* que sostiene en lo alto el ángel del margen inferior izquierdo coincide con seis cruces similares que tienen la forma de la letra inicial de *Natiuitas* en la página opuesta, f. 8r [pág. 25], lo que representa convencionalmente a la estrella de Belén, que sirvió de guía a los Reyes Magos para encontrar el lugar donde nació Jesús (Mateo 2.1–10).

II. EUCARISTÍA

La Eucaristía aparece en el Evangelio según Mateo, Marcos y Lucas. Se trata de la ceremonia principal de la fe cristiana, en la cual, para muchos creyentes se toma el cuerpo y la sangre de Cristo en forma de pan (hostia eucarística) y vino.

Las imágenes de la Eucaristía son ubicuas. Las hostias eucarísticas aparecen en ff. 34r y 48r [pág. siguiente y pág. 69], y en el símbolo del carnero en f. 27v [pág. 54]. En el margen superior de *Una autem* (Lucas 24.1) en f. 285r [abajo] un cáliz azul, que debería haber resaltado enormemente cuando estaba recién pintado, vierte vid que se extiende por toda la página, vid que a su vez es ingerida por un desfile triunfal de leones, dos de ellos a cada lado del cáliz y que se alimentan de una rama triple de uvas. En el margen inferior derecho en f. 34r, hay un cáliz invertido, con uvas cayendo de él. En el arco sobre las tablas canónicas en f. 2r, la vid cae en gran abundancia de un cáliz volcado [págs. 16-17]. Un cáliz en forma horizontal en f. 292r lanza vid entre las letras rin del comienzo del Evangelio según Juan [pág. 35]. En las genealogías de Lucas sobre Jesús, una figura oculta y escondida sostiene un cáliz (f. 201v) [derecha]; sus pies descansan en la última letra del nombre Abraham (*abracham*), quien era ancestro de Jesús, haciendo una conexión entre la fe que Abraham demostró al estar dispuesto a sacrificar a su hijo Isaac (Génesis 22.1–13) y el sacrificio de Cristo con su sangre.

En muchos finales de línea aparecen cálices florecientes presentes en algunas páginas como bosquejos profesionales, rápidos y casi distraídos. En Juan 15.5, Jesús dice: «Yo soy la vid, vosotros los pámpanos» (*Ego sum uitis uos autem palmites*; f. 334v línea 11), dando pie al artista a rellenar la primera letra con volutas de vino.

Arriba En la genealogía de Jesús aparece una figura sosteniendo un cáliz sobre el nombre de Abraham. (f. 201v)

Abajo Un cáliz pequeño de color azul aparece en el margen superior de la página donde comienza el testimonio de una mujer que se acercó al sepulcro. (f. 285r)

Pág. siguiente En miniatura cerca del pie de la página de *Xi Ro* (pág. 4), dos gatos muerden la cola de dos roedores que parecen comer una hostia eucarística. (f. 34r).

Pág. anterior Detalle del retrato de Juan al principio de su Evangelio (pág. 57). En su mano izquierda sostiene un libro decorado con un rombo, dividido a su vez en cuatro rombos. (f. 291v)

Abajo a la izqda. Las formas de los rombos, que representan a Cristo, son prominentes en la página como una respuesta a las afectaciones de los fariseos descritas en el texto. (f. 99r)

Abajo a la dcha. Una secuencia de rombos dentro de rombos, simbolizando Cristo, se encuentra en el centro de la página de los símbolos evangélicos precediendo la apertura del Evangelio según Juan. (f. 290v)

III. EL ROMBO

El rombo representaba a Cristo, el *logos* o el Verbo de Dios, desde los primeros tiempos cristianos. El Evangelio según Juan abre con las palabras: «En el principio era el Verbo, y el Verbo era con Dios, y el Verbo era Dios».

Un rombo, dividido a su vez en cuatro rombos, es la decoración central del libro mostrado por Juan [pág. anterior]. Con cuatro esquinas, representaba la comprensión medieval temprana del cosmos. El apocalipsis de Juan describió «cuatro ángeles de pie en los cuatro extremos de la tierra, sosteniendo los cuatro vientos de la tierra» (Rev. 7.1).

En f. 290v los símbolos del evangelista están dispuestos alrededor de un rombo en el centro de una cruz de san Andrés [abajo y pág. 55]. En f. 34r, la página *Xi Ro* [pág. 2], se encuentra en el corazón de las iniciales del nombre de Cristo.

La palabra *omnia* («todo») está impregnada del significado de la totalidad del Verbo de Dios por la formación de su primera letra en forma de rombo, como en f. 48r.

Cuatro rombos se pueden formar fácilmente en una cruz, como en las esquinas superiores de las tablas canónicas en f. 3r [pág. 20]. El broche de la Virgen en f. 7v tiene la forma de un rombo, con otros cuatro rombos dentro de ella [pág. 22]. Los rombos se enfrentan, como los centros de lo que pudieran ser cruces incompletas, en la genealogía de Cristo en ff. 30v–31r [pág. 26].

IV. ÁNGELES

Después de la caída de los «ángeles malos», fueron los ángeles «quienes se mantuvieron en su vigor celestial», como lo expresó Isidoro de Sevilla, quienes «se encargan de los frutos de todos los esfuerzos». Siempre son espíritus, pero se conocen como ángeles (la palabra griega para mensajero) cuando se les confía la misión de «anunciar la voluntad de Dios a la gente», y los artistas les dibujan alas para significar la velocidad con la que trabajan.[19] La visión de los ángeles no se le concedió a nadie más que a los más dignos. Columba era a menudo visto en su compañía.[20] Cristo es retratado con ángeles en f. 32v [pág. 27], y lo acompañan en momentos críticos: con su Madre en f. 7v [pág. 22]; frente a la referencia a su nacimiento en las *Breves causae* de Mateo en f. 8r [pág. 25]; en la primera mención a su nombre en f. 34r [pág. 2]; cuando fue tentado por el Diablo en f. 202v [abajo]; y al principio de la narración de la resurrección en f. 285r [pág. siguiente]. En su mayoría, los ángeles aparecen en grupo de cuatro, para ser identificados como los principales arcángeles: Miguel, Gabriel (que en el Evangelio según Lucas había anunciado a María la concepción de Jesús), Rafael, y Uriel.

Izquierda Los ángeles acompañan a Jesús en los momentos críticos de su vida. Aquí, lo protegen de la tentación del diablo. (f. 202v)

Pág. siguiente Ángeles guardando el sepulcro donde murió Jesús. Las palabras *UNA / AUTEM SAB/BATI UALDE DELU[culo]* (Juan 20.1) introducen el episodio de las mujeres acercándose al sepulcro. (f. 285r)

Pág. anterior Los símbolos evangélicos que preceden el Evangelio según Mateo: el hombre de Mateo, el león de Marcos, el águila de Juan, y el becerro de Lucas. Todos ellos tienen aureolas y alas. (f. 27v)

Arriba Los símbolos evangélicos que preceden el Evangelio según Juan están dispuestos alrededor de una cruz de san Andrés y se disponen en el sentido contrario a las agujas del reloj desde la parte superior. (f. 290v)

V. LOS EVANGELISTAS

Los retratos a página completa que solo sobreviven son los de Mateo y Juan. Mateo (f. 28), vestido con un manto púrpura, sostiene su Evangelio mientras está sentado en un trono de respaldo alto, los pies sobre un cojín [pág. 56]. Los símbolos de sus compañeros evangelistas se encuentran en torno a su trono. Su mirada es un poco desconcertante, ya que su ojo izquierdo carece de pupila.

Juan (f. 291v) es una figura imponente [pág. 57]. Su halo tiene un fuerte parecido con la iglesia circular construida sobre «el Sepulcro del Señor» en Jerusalén, con sus pasillos, tres bóvedas y doce columnas de carga. Esa iglesia había sido descrita a Adomnán por Arculf, un peregrino de Galia, que visitó Iona a su regreso de Tierra Santa a finales del siglo VII.[21]

El simbolismo de los evangelistas se originó en la profecía de Ezequiel (1.4–11): «Y he aquí que venía del Norte un torbellino de viento…Y en medio de aquel fuego se veía una semejanza de cuatro seres vivientes….la cara de un hombre, y la cara de un león en el lado derecho de los cuatro; y una cara de buey, en el lado izquierdo de los cuatro; y en la parte de arriba tenían todos cuatro una cara de águila….». En el siglo VI, Gregorio el Grande aclaraba: Cristo fue un hombre cuando nació, un becerro en su muerte, un león en su resurrección y un águila en su ascensión al cielo.[22]

Prologando el Evangelio según Mateo, los símbolos en f. 27v se colocan en paneles enmarcados alrededor de una cruz [pág. anterior]. Las serpientes entrelazadas se retuercen en cuatro paneles en forma de T en los bordes exteriores del marco. En el panel de la esquina inferior derecha cuatro figuras están entrelazadas, sus cuellos antinaturalmente alargados y sus cabezas inclinadas para recordar la crucifixión.

En f. 129v, prefacio de Marcos, los símbolos están dispuestos dentro de círculos amarillos alrededor de una cruz de borde amarillo [pág. 1]. Otra figura alada está en el marco por encima del hombre. Destacando la unidad de los Evangelios, el león está acompañado por un becerro y un águila; El becerro junto al águila y lo que, por error, parece ser otro becerro, ya que se podría haber esperado un león; El águila junto a un león y un becerro. La decoración de la cruz y el marco exterior incluye serpientes, pavos reales, vides y cálices.

En f. 290v, los símbolos que preceden a Juan están dispuestos alrededor de
una cruz de san Andrés [pág. 55]. Todos tienen alas. Los brazos del hombre están
cruzados; En cada mano sostiene un libro. La boca del león está abierta, con la
lengua extendida, mientras que las serpientes rojas entran en la boca de los leones
en cada extremo de la cruz.

La página de símbolos (f. 187v) que concluye el Evangelio según Marcos es poco
convencional [pág. 30]. Dos leones, símbolo de Marcos, se extienden de arriba
a abajo a cada lado de la página, una pierna de cada uno formando una cruz de
san Andrés en el centro de la página. A la derecha y a la izquierda de la cruz hay
un león alado (de Marcos) y una figura identificada en rojo como *angelus domini*
(el ángel del Señor). En lugar de una representación incompleta de los símbolos
evangélicos, esto puede ser una referencia al anuncio por el ángel de que Cristo
había resucitado de entre los muertos (Marcos 16.5–7).

Izquierda El evangelista Mateo, vestido con
un manto púrpura, sostiene su Evangelio.
(f. 28v)

Pág. siguiente El evangelista Juan retratado
como un escriba: sostiene una pluma en su
mano derecha, y su tintero, hecho de cuerno
de vaca, se coloca debajo de su trono, por
encima de su pie derecho. (f. 291v)

VI. ANIMALES

El león, el pez, la serpiente y el pavo real comprenden el vocabulario básico del ornamento animal. Junto con otros animales y exóticas criaturas compuestas, forman una interacción recurrente de imágenes cristológicas. El *Physiologus* — un texto griego de la sabiduría animal, que probablemente data del siglo IV — contenía muchas de las creencias que inspiraban el programa decorativo del Libro de Kells, mientras que las *Etimologías* de Isidoro de Sevilla de *c.* 623 circularon extensamente.

El león

En la descripción del *Physiologus*[23], el león representaba la casa de Judá, de la cual descendía Jesús: «Nuestro Salvador, el león espiritual de la tribu de Judá, la raíz de David». El león era «el más fuerte de las bestias, el que no tiene temor de nada» (Proverbios 30.30). En las páginas principales, ff. 114v, 124r, 130r, se representan leones de perfil con dientes fuertes y al descubierto [págs. 39, 29, 31].

Por encima de las tablas canónicas en f. 2v, Jesús agarra la lengua extendida de un león a cada lado de él [pág. anterior]. La colocación de una figura humana entre dos leones reflejaba la profecía: «Serás revelado en medio de dos animales», en la apertura de la versión latina antigua del cántico de Habacuc. En la exégesis cristiana los dos leones se referían a los dos Testamentos, Viejo y Nuevo; a la transfiguración, donde Cristo fue revelado entre Moisés y Elías; y a la crucifixión, donde Cristo colgaba entre dos ladrones, representando las tres cruces que se muestran aquí gráficamente dentro del halo de Cristo.[24]

Según el *Physiologus*, el cachorro de león nació muerto y fue vigilado por la leona durante tres días hasta que su padre llegó al tercer día y, respirando en su rostro, lo despierta.[25] Con la resurrección de Cristo de entre los muertos es explícito. Las emanaciones de las bocas de los leones están representadas, en una variedad de formas, en ff. 72v [izquierda], en 124r, donde aparece una vid [pág. 29], y 29r, donde emerge una hostia eucarística.

En la palabra *Homo* al comienzo de Lucas 16.19–31 en f. 254r, a la *H* se le da la forma de un león atlético [izquierda], tal vez en referencia al uso de la palabra *homo* (hombre) para referirse a la naturaleza humana de Cristo.

Pág. anterior Jesús agarra las lenguas de los leones que le flanquean, en la parte superior de la primera página del Canon II enunciando pasajes que ocurren en los Evangelios según Mateo, Marcos y Lucas. (f. 2v)

Abajo Aparece dibujado un león en el que se observa cómo sale su respiración de la boca para dar vida. Él representa a Jesús en un punto en el que Pedro le pide a Jesús que le dé agua (Mateo 14.28). (f. 72v)

Parte inferior Un león forma la letra *H* de *Homo* en la parábola del hombre rico y el pobre Lázaro (Lucas 16.19). (f. 254r)

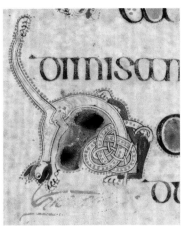

La Pantera

Para Plinio, la característica principal de la pantera era su dulce aliento, que atraía y aturdía a otros animales. Se parecía al león en ciertos aspectos. Según el *Physiologus*: «Si la pantera despierta de su sueño en el tercer día, ruge en una voz alta y una fragancia agradable emana de su voz. Aquellos... que oyen su voz, siguen su agradable fragancia». El *Physiologus* dijo: «Nuestro Señor Jesucristo, que es la verdadera pantera, atrae a sí mismo a toda la humanidad... a través de su encarnación». La única criatura que teme la voz de la pantera es el dragón,[26] que se identificaba con el diablo. Así, la pantera se convirtió en otro potente símbolo de Cristo. Isidoro observó que la pantera estaba «adornada con pequeñas manchas redondas»[27]. En f. 327r [abajo] una lengua larga, roja, bifurcada, que representa «su agradable fragancia», emerge de la boca de un felino azul. Con sus manchas (dispuestas en grupos de tres) y en ausencia de una crin de león, esto hace alusión a una pantera. Colocado en medio de la narración de la resurrección de Lázaro de entre los muertos (Juan 11), representa a Jesús, en forma de pantera, exhalando su dulce aliento y resucitando en la dirección de Lázaro.

Abajo Una pantera, representando a Cristo, emite su dulce aliento cuando Jesús levanta a Lázaro de entre los muertos. (f. 327r)

Abajo Un pez, dibujado con gran habilidad a pluma y tinta únicamente, forma la barra de la *t* de *Et*, cuando Jesús vuelve a Galilea (Juan 4.3). (f. 299v)

Comúnmente esculpido en las paredes y losas funerarias, los peces habían sido un símbolo de Cristo desde el siglo II, de la analogía con los nuevos conversos nadando en las aguas del bautismo. Agustín indicó que el pez denota el nombre místico de Cristo, a partir de las letras iniciales de las palabras: «Jesucristo, Hijo de Dios, Salvador» en griego que forman la palabra griega para pez, *icthus*.[28] Cuando aparece, infrecuentemente, en el Libro de Kells, el pez tiende a parecerse a un salmón. En f. 158v forma la barra de la *t* de la palabra inicial *Et* [pág. 8], y hacia el final de f. 243v actúa como un relleno de línea. En la página *Xi Ro* (f. 34r) [pág. 2] un pez es atrapado por una nutria, simbolizando el consumo del cuerpo de Cristo en la Eucaristía. El pez se usa en asociación directa con la cara o el nombre de Jesús como una barra de superíndice de abreviatura en f. 179v [pág. 76]. En Juan 4.3 (f. 299v) [abajo], Jesús «volvió a Galilea» (*Et abiit iterum in galileam*). Su rostro no se muestra, pero sus propiedades se expresan en las letras iniciales: una cabeza de león, un rombo que contiene dos cruces y un pez ilustrado en pluma y tinta con una impresionante maestría caligráfica.

La serpiente

La serpiente fue responsable de la caída del Hombre, debido a su papel en la pérdida de la inocencia del Hombre en el jardín del Edén (Génesis 3.1-5): de ahí que fuera sinónimo del diablo. Pero también era un símbolo común de la resurrección de Cristo de entre los muertos: como defendía Isidoro: «Se dice que las serpientes viven por mucho tiempo, porque cuando derraman su vieja piel, se dice que perdieron su 'vejez'».[29]

La serpiente es un elemento decorativo importante en el Libro de Kells. En f. 114v, en la pasión de Cristo, gran parte del bordeado está compuesto de serpientes como anticipación a la resurrección. La serpiente también se podría formar de una manera natural en una letra inicial *S*. Las serpientes dominan la decoración de f. 292r, la primera página del Evangelio según Juan [pág. 35]. En la apertura del Evangelio según Marcos (f. 130r) [pág. siguiente], las cabezas de cuatro serpientes confluyen en la base de la *N* del *INIT / IUM*, formando una cruz y significando la unidad de los evangelistas. En f. 114r [abajo y pág. 70] cuatro serpientes forman cruces a cada lado de la cabeza de Jesús, sus cabezas confluyen esta vez en discos u hostias eucarísticas: una es roja, la otra está marcada con cuatro puntos.

En su desarrollo desde el entrelazado, las serpientes adquirieron formas abstractas. En f. 171v, las cabezas parecen haber crecido alas y volar hacia el espectador.

Abajo Las serpientes confluyen en la cruz a la izquierda de la cabeza de Jesús en la página que lo representa en el monte de los Olivos. (f. 114r)

Pág. siguiente En la base de la *N* del *INITIUM* en la apertura del Evangelio según Marcos (ver pág. 31), las serpientes se entrelazan intrincadamente en espirales y nudos. Cuatro serpientes amarillas se mueven hacia adentro para formar una cruz; dos serpientes azules se mueven fuera de la espiral. (f. 130r)

El pavo real

El pavo real significaba la incorruptibilidad de Cristo, debido a la creencia de que su carne no es putrefacta. Agustín demostró la creencia tomando un filete de pechuga de un pavo real que había servido en la cena en Cartago.

Un año más tarde, la carne estaba solo «un poco más arrugada y más seca».[30] La cabeza de Cristo en f. 32v está flanqueada e identificada por los pavos reales [pág. 27], de una manera que deriva de modelos clásicos tardíos y se asemeja a muchos ejemplos en el arte cristiano temprano. Los pies del pavo real a la izquierda se entrelazan en las viñas [pág. anterior], mientras que los de la derecha se entrelazan en aceitunas, como Cristo fue ungido (*christus*) con aceite.

Los pavos reales son parte integrante de la decoración, aparecen en las letras iniciales, en los finales de línea y en los espacios estrechamente compactos de las páginas principales, desde las tablas canónicas hasta la página inicial de Juan en f. 292r [pág. 35]. Las únicas páginas principales en las que no aparecen son ff. 114r–v. Suele intentarse mostrar la longitud y el esplendor de su cola. En la parte superior de f. 3r [pág. 20], los pavos reales flanquean a Cristo y una urna con hojas de vid; Se agachan y agarran las lenguas de dos leones. En f. 8r [pág. 25], donde las *Breves causae* hablan del nacimiento de Jesús, dos pavos reales aparecen uno enfrente del otro, boca abajo, por encima de la figura con un libro o tableta: uno está en la cabeza de una serpiente, aquí simbolizando al diablo, como se predijo en el salmo 90.13: «Caminarás sobre víboras».

Pág. anterior El pavo real, símbolo de Cristo, está situado a la izquierda de su retrato (véase pág. 27). Sus pies enredados en las vides, mira hacia abajo a una hostia eucarística en su ala. (f. 32v)

Derecha El pavo real estaba asociado con el cielo. En esta imagen, un pavo real se posa sobre las palabras de Jesús en Juan 6.38, *Quia descendi de caelo* («Porque descendí de los cielos»). (f. 309r)

La cabra

Una cabra aparece en f. 41v, en Mateo 5.18, *donec transeat cae/lum* («hasta que el cielo y la tierra pasen») [abajo a la izquierda]. Su presencia tal vez se explique, pero solo parcialmente. El *Physiologus* hizo un paralelismo entre la cabra y Cristo: como la cabra habita en altas montañas, así Cristo se asocia con ángeles y profetas, y como se alimentan de pastos las cabras en el valle, así lo hace Cristo en la iglesia, alimentándose de buenas obras y limosnas.[31] El dibujo de la cabra puede referirse a f. 41r, y la referencia en Mateo 5.14 a «Una ciudad sentada en una montaña».

El ciervo

El ciervo era otro enemigo del dragón. Persiguiendo al dragón en las grietas de la tierra, el ciervo bebe de un arroyo, «despúes, escupe el agua en las grietas y saca al dragón... y lo mata». La analogía es con Cristo, que mató al diablo «con aguas celestiales de sabiduría indescriptible».[32] La asociación del ciervo con el agua y el bautismo fue sugerida por el salmo 41.2: «Como el ciervo brama por las corrientes de agua, así mi alma clama por ti, ¡Oh Dios!».

Un ciervo, cuyas astas terminan en racimos de uvas, se enfrenta al final de Juan 4.46 (f. 302r) [abajo a la derecha]. Jesús vino a Caná de Galilea, «donde convirtió el agua en vino» (*uenit / ergo iterum en Channan galileae ubi fecit / aquam uinum*). La palabra *aquam*, con sus connotaciones de bautismo, parece haber inspirado el dibujo.

Abajo a la izqda. Una cabra aparece en Mateo 5.18. (f. 41v)

Abajo a la dcha. Un ciervo en Juan 4.46, en el contexto de la conversión de agua en vino. (f. 302r)

Arriba Una paloma con una rama de olivo, evoca al Espíritu Santo, se posa sobre la palabra *propheta*. (f. 314r)

Abajo Las articulaciones del lobo que aparece con el texto de Mateo 16.6 se parecen a las de los animales de las piedras pictas. Gerald Plunket añadió la punta de una flecha a la cola en el siglo XVI. (f. 76v)

La paloma

Adomnán explicó que el nombre de Colum Cille en la religión, «Columba», es latín para paloma, y que «generalmente la paloma se toma alegóricamente para representar al Espíritu Santo».[33] En f. 201r una figura sostiene la letra final de *fuit* en la frase *Qui fuit Iona* («quien era de Jonás», Lucas 3.30), llamando la atención sobre la palabra *Iona* (el hebreo para paloma) y, por lo tanto, el nombre de Colum Cille.

Las palomas con follaje en su boca representan el Génesis 8.11, cuando Noé envió una paloma del arca para descubrir si la tierra todavía estaba inundada. En Juan 7.40 (f. 314r) [izquierda], una paloma que sostiene una rama de olivo forma la cola de la palabra *Ex*, posándose en *propheta*, mientras la multitud alrededor de Jesús exclama: «Este es el profeta de verdad».

El lobo

Con la lengua colgando, un lobo camina de forma amenazadora a través del texto de Mateo 16.6 (f. 76v) [abajo], donde Jesús advirtió que no se dejaran sorprender por la enseñanza de los fariseos y los saduceos. Unos cuantos versículos antes, él había hecho referencias específicas a los lobos: «Cuidado con los falsos profetas, que vienen a vosotros vestidos de ovejas, pero por dentro son lobos rapaces» (Mateo 7:15); Y «He aquí os envío como ovejas en medio de lobos» (Mateo 10.16)

El gato

Los gatos domésticos se sientan tranquilos y atentos, con las colas enroscadas, bajo las letras iniciales en algunas páginas. Tienen una función práctica en ff. 34r y 48r, donde cazan ratones o ratas en posesión de los anfitriones de la comunión [pág. 49 y pág. siguiente]. Esta última escena refleja oblicuamente a Mateo 7.9, varias líneas abajo: «¿Qué hombre hay entre vosotros que si su hijo le pide [comunión] pan, le dará una piedra?» e ilustra la función práctica de los gatos en el monasterio en la preservación del suministro de alimentos, tanto física como espiritualmente. Una representación similar ocurre en la cruz de Muiredach en Monasterboice.

La liebre

La liebre está representada en ff. 87v y 180r en contextos que parecen vincular su timidez con la conducta de Pedro al negar su asociación con Jesús. Una liebre que salta en un intento de escapar de un galgo se dibuja en f. 48r [pág. siguiente]. Esto puede ser un préstamo, aunque indudablemente indirecto, de una representación romana tardía de una liebre cazada, tal como la escena del siglo IV de una liebre atravesada por la lanza de un niño en la Piazza Armerina en Sicilia. Los artistas romanos destacaron la supuesta afición de la liebre por las uvas, y una asociación entre la liebre y las uvas eucarísticas pudo haber sido el estímulo detrás de la escena en f. 84v [abajo], donde una liebre muerde una vid al final de *Et*.

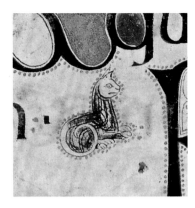

Arriba Un gato doméstico, con la cola enroscada, se sienta vigilante a la sombra de las letras iniciales. (f. 92v)

Abajo Una liebre muerde una vid que crece en medio de la decoración de *Et* en la apertura de Mateo 19.1, cuando Jesús sale de Galilea. (f. 84v)

Pág. siguiente En la parte superior de la página hay un gato a rayas detrás de una rata o un ratón que ha robado una hostia de comunión. En el encuentro inferior de los animales, una liebre salta en un intento de escapar de un galgo. (f. 48r)

inuenit &pulsanti ap

etaur exquobis homo quemsi

suus panem numquid

rige ei : Autsipisce

nquid serpentem porri

os cumsitas mali nosas

is uestris · quantomagis

uincaelis est dabit

bus se

uaeamque uultusbona

VII. REPRESENTACIÓN DE LOS ENVANGELIOS

En f. 114r, en Mateo 26.30 [pág. siguiente], Jesús está flanqueado por dos figuras más pequeñas que sostienen sus brazos, que se extienden como si estuvieran en oración. La cruz de san Andrés formada por sus brazos y piernas y las cruces de brazos iguales a cada lado de su cabeza anticipan la crucifixión. Las palabras *Et ymno dicto /exierunt / en montem oliueti* («Y después de cantar un himno, salieron hacia el Monte de los Olivos») están inscritas en el tímpano del arco que contiene las figuras. Durante muchos años la escena fue identificada como el arresto de Cristo, aunque el Evangelio según Mateo no llega a ese episodio hasta ff. 116v – 117r. En f. 114r las figuras que flanquean a Jesús no llevan armas. Basándose en la evidencia de un fresco de principios del siglo IX en la iglesia suiza de san Juan en Müstair, se ha propuesto que la imagen debe ser vista como Cristo rezando en el monte de los Olivos, precisamente como lo indica el texto de la página.[34] Otros estudios han observado resonancias litúrgicas en la imagen, que ocurre frente a la institución de Jesús de la Eucaristía en f. 113v.[35]

La tentación (Lucas 4.9-13) se ilustra en f. 202v [pág. 52 y derecha]. Aquí Satanás insta a Jesús a arrojarse desde el techo del templo en Jerusalén para demostrar que los ángeles lo salvarán. La página presenta muchas complejidades,[36] en parte porque nuevamente el pasaje evangélico relevante ocurre más tarde en el volumen, en f. 204r. Jesús está representado en un edificio cubierto de tejas que se asemeja a un santuario irlandés, con leones como pináculos. Protegido por los ángeles directamente encima de él y en las esquinas superiores de la página, él sostiene hacia fuera un recipiente de cristal estrecho, posiblemente un cáliz lleno del vino eucarístico, en respuesta a la pequeña figura alada negra de Satanás a la derecha. Los pavos reales estilizados se colocan dentro de las cruces a cada lado de Jesús. La figura aureolada con *flabella* cruzada en el centro del templo puede representar a Cristo como juez en una escena del juicio final. Trece figuras humanas al pie de la página y nueve a la derecha de Jesús parecen representar a los fieles. El templo y Jesús pueden representar literalmente el cuerpo de la Iglesia con Cristo como su cabeza.

Arriba La tercera tentación de Jesús, descrita en el Evangelio según Lucas: «Y [el diablo]…le puso sobre el pináculo del centro y le dijo: Si tú eres el Hijo de Dios, lánzate desde aquí». (f. 202v; véase también pág. 52)

Pág. siguiente Jesús en el monte de los Olivos: *Et ymno dicto / exierunt / in montem oliueti* («Y después de cantar un himno, salieron hacia el monte de los Olivos»; Mateo 26.30). La imagen fue malinterpretada durante muchos años como su arresto. (f. 114r)

VIII. ALUSIONES TEXTUALES

Alusiones al relato del Evangelio ocurren en todo el manuscrito, pero no siempre son evidentes a primera vista. La parábola de la semilla y el sembrador (Mateo 13.3-30) es extensa, transcurriendo de f. 65v a f. 68r, pero su ilustración se concentra cerca de la parte superior de f. 67r [abajo]. Un gallo, una representación sorprendentemente exacta del ave nativa de la selva (*Gallus gallus*),[37] se encuentra en la palabra *parabulam* en la línea 3. Está acompañado por dos gallinas, que pueden estar preparándose para comer la semilla. El gallo es un componente familiar de las escenas de la crucifixión, aludiendo a la negación de Pedro de Cristo. En la línea 5, la parábola menciona el *malignus* («el maligno»), que quita la semilla y que, con toda probabilidad, se muestra acurrucado torpemente dentro de la letra inicial al comienzo de la línea 3. La escena puede en parte señalar de forma soterrada que la negación de Cristo por parte de Pedro fue obra del *maligno* o del diablo.

En f. 253v, la inicial *N* de la frase *Nemo seruus potest duobus Dominis seruire* («ningún sirviente puede servir a dos amos»; Lucas 16.13) muestra a dos hombres tirando de las barbas del otro, unidos a una pequeña figura humana constreñida dentro de una inicial *A* cuatro líneas más abajo de la página. Combinadas, las imágenes parecen mostrar el conflicto que implica servir a dos amos.

Un insecto en f. 63r se ha identificado como una mosca, de acuerdo con su lugar a principios de Mateo 12.24: se desprende de la letra *P* inicial al exclamar los fariseos (Phariseos en la antigüedad): «Este hombre no expulsa los demonios sino por Belcebú, el príncipe de los demonios». En las interpretaciones de los nombres hebreos de Jerónimo, versiones incompletas de las que se producen en el Libro de Kells, el nombre «Beelzebub» significa «que tiene moscas» u «hombre de las moscas» (El señor de las moscas).[38]

Abajo La parábola de la semilla y el sembrador está ilustrada de forma indirecta por un gallo con dos gallinas. (f. 67r)

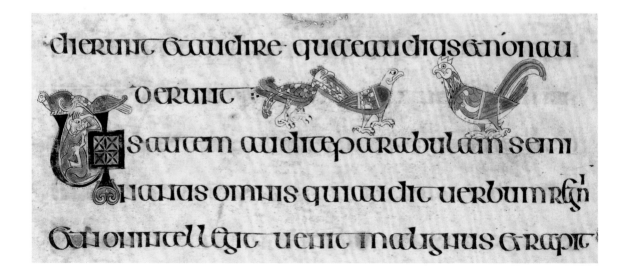

Arriba El comienzo del relato del viaje de Jesús a Jerusalén (Mateo 20.11–22). En la página derecha aparece viajando en un asno; sus pies apuntan hacia la página de enfrente, donde las dos líneas finales describen la acción. (ff. 88v–89r)

Jesús entra en Jerusalén

El relato de Mateo sobre Jesús viajando a Jerusalén con sus doce discípulos (20.11–22) se ilustra con un dibujo en f. 89r de Jesús cabalgando sobre un asno, tal vez en silla de montar en un acto de humildad [arriba]. El pie de Jesús remite a las palabras *Et ascendens iesus hyerusoliman* («y Jesús subiendo a Jerusalén», Mateo 20.17) al pie de f. 88v, mientras que por encima de él las líneas 1–2 muestran *Et ait illis ecce ascendimus hyerusolimam* («Y él les dijo, 'He aquí subimos a Jerusalén'», Mateo 20.18), actuando casi como un titular en la página. Como tantas veces con el Libro de Kells, la decoración no coincide precisamente con el texto, ya que no es hasta Mateo 21.2 (f. 90v) que Jesús pide un asno y un potro y entra en Jerusalén. En f. 255v Jesús vuelve a mostrarse montado [pág. 93], mirando a través de la apertura y abajo al texto de Lucas 17.11, *en hierusalem transibat* («él iba a Jerusalén»). Su mano, agarrando las riendas, se levanta en bendición. Que sus animales en ambos casos se asemejan a caballos en lugar de asnos puede explicarse por la probabilidad de que el asno no era conocido en Irlanda en el siglo IX.[39]

La traición de Judas

La traición de Judas a Jesús se muestra de forma indirecta en f. 116v [abajo], acompañando el texto de Mateo 26.47, que comienza *Adhuc ipso loquente ecce iudas ...* («Y hablando aún él, he aquí Judas, uno de los doce, vino, y con él mucha gente con espadas y con palos, de parte de los príncipes de los sacerdotes, y de los ancianos del pueblo»). El acto que sigue en la línea 14, donde Judas besa a Jesús como una traición que conduce al arresto de Jesús, se representa aquí al principio de la línea. La *A* de *Adhuc* toma la forma de dos leones verticales abrazados, el de la izquierda mordiendo el cuello del de la derecha. Mientras que la acción del león izquierdo no es estrictamente un beso, la intención de la imagen es inconfundible. El incidente aparece en varios manuscritos contemporáneos, incluyendo el salterio de Stuttgart y el sacramentario de Drogo, y en altas cruces en Clonmacnoise y Monasterboice; El paralelo más cercano en la postura se encuentra en la escena en la base del lado este de la Cruz del Mercado en Kells.[40] En el uso de los leones para representar ambas figuras hay una concordancia con la observación de Agustín de que el diablo y Jesús podrían tomar la misma forma: «Cristo y el diablo son equiparados a un león».[41]

Abajo En el texto donde Judas llega con una multitud para arrestar a Jesús, su traición con un beso está introducida por la letra *A* de *Adhuc* al principio de la línea 4, formada por dos leones representando las dos figuras. (f. 116v)

La Agonía de Cristo

Al final de la línea 9 de f. 277r, un león, que simboliza a Cristo, mira hacia atrás a lo largo de la línea [abajo]. Por encima de él, y a su izquierda, se describe la agonía de Cristo en el huerto de Getsemaní: *et factus est sudor eius sicut guttae sangui/nis decurrentis in terram* «Y su sudor se convirtió en gotas de sangre que goteaban sobre la tierra»; Lucas 22.44). Las palabras *guttae sangui/nis* (gotas de sangre) están inmediatamente por encima del león. Los puntos rojos alrededor del animal se extienden horizontalmente en dos líneas a su derecha, mientras que encima de estas líneas los puntos irregulares, conectados por las líneas diagonales a las horizontales, representan la sangre de Cristo que gotea a la tierra.

En f. 277r, línea 2, Jesús ora para ser salvado del sufrimiento que va a venir: *Pater si uis transfer calicem hunc/a me*; («Padre, si quieres, aparta de mí este cáliz», Lucas 22.42). No se representa un cáliz al lado de la palabra *calicem*, pero un cáliz pintado en rojo y amarillo se coloca cerca del pie de la página de enfrente, f. 276v, con las vides, las uvas y el trigo que señalan hasta la palabra en f. 277r.

Abajo En la Agonía de Cristo, en el Jardín de Getsemaní, «su sudor se convirtió en gotas de sangre» (Lucas 22.44) – representada por gotas alrededor del animal y al final de la línea. (f. 277r)

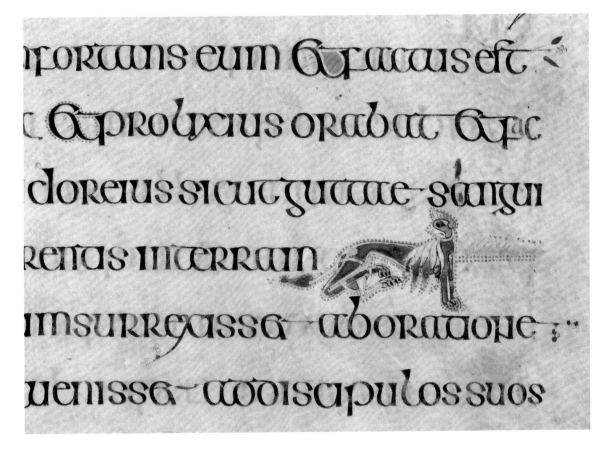

Figuras y caras

Una de las muchas representaciones de la cabeza rubia de perfil de Jesús está en Marcos 14.61 (f. 179v) [abajo]. Cuando el sumo sacerdote pregunta: «¿Eres tú el Cristo, el Hijo del Dios Bendito?», La respuesta enfática de Jesús, «Yo soy», se hace eco en la decoración de su abreviado nombre *ihs*. La cabeza de Jesús está flanqueada por dos de sus símbolos, el león y el pez.

Las figuras humanas incluyen a la esposa de Lot en f. 257v [derecha], en la frase *Memores estote uxoris loth* («Acuérdate de la mujer de Lot», Lucas 17.32). Poncio Pilato está representado en f. 182r como un hombre casi literalmente rasgado en dos, con los brazos extendidos y sosteniéndose, como si estuviera desesperado, en su propio cuerpo y cabello.

Arriba La cabeza de la mujer de Lot aparece en la inicial *M* al principio de *Memoresestote uxoris loth*, «Acuérdate de la mujer de Lot» (Lucas 17.32). (f. 257v)

Abajo La cabeza de perfil de Jesús se encuentra en la *h* de *ihs* – la abreviatura de *iesus* – en Marcos 14.61, donde se revela a sí mismo como "el Cristo, el Hijo del Dios Bendito". (f. 179v)

Hablar y oír

Las alusiones a hablar y escuchar el texto sagrado están entre los dispositivos decorativos más comunes en el Libro de Kells, teniendo su inspiración en los pasajes de las Escrituras. Las últimas palabras de David, por ejemplo, fueron: «El espíritu de Jehová ha hablado por mí, y su palabra por mi lengua» (2 Samuel 23.2). El león se representa normalmente con una lengua extendida, que refleja su uso como un instrumento de la escritura.

Los leones en letras iniciales comúnmente tocan su boca u oídos formando y dando expresión visual a las palabras *ait* o *dicebat* («dijo») o *audiebat* («oyó»). Dos leones que forman las dos primeras letras de la palabra Dicebat (f. 252v; Lucas 16.1) mantienen sus patas en la boca [abajo]; El primer león emplea su otra pata para señalar a su oído. En Mateo 26.52 el f. 117r [izquierda], la postura de un león indica que el discurso directo de Jesús sigue a continuación. Contrae la pata trasera en la boca para formar la *T* inicial en *Tunc ait illi iesus conuerte gladi/ um tuum in locum suum* («Entonces Jesús le dijo: 'Pon tu espada en su lugar'») en el punto en el texto donde uno de aquellos que estaba con Jesús le ha cortado la oreja a un miembro del grupo que fue a arrestarlo.

Arriba y abajo Los leones se llevan las patas a la boca para indicar que el discurso de Jesús se muestra a continuación (Mateo 26.52 y Lucas 16.1). (ff. 117r, 252v)

Al dorso Jesús pide *Orate autem ut hieme non fiat* («oren para que esto no suceda en el invierno»; Marcos 13.18). (f. 173r)

AGRO ERIC HOHREU

ainehat

eautem prig

millis diebus

ate auter

fuga uesrra

Runtenim

tales quales

uo creaturae qu

tatur tollere ues

suum

tarab: & murieriab.

achiene monfiat

elsabbato

es illtribulationes

nonfuerunt abini

ncondedit dsus

ascenderit tolle · Et aperto oreeius in
uenies ibi staterem illum sumens da
eis pro me · Et te ·

In illa hora accesserunt discipuli ad
ihm dicentes quis putas maior est
inregno caelorum Et aduocans ihs par
uulum statuit eum inmedio eorum
Et dixit amen dico uobis nisi conuer
si fueritis. Et efficiamini sicut paruu
li nonintrabitis inregnum caelorum ·
Quicumque ergo humiliauerit se
sicut paruulus iste · hic erit ma
ior inregno caelorum · Et quissus
ciperit unum paruulum tale in
nomine meo me suscepit ·
Qui autem scandalizauerit unum
de minimis istas qui inme credun

ATH. VIII.

ESCRIBAS Y ARTISTAS

TEXTO, MARCADO Y RENGLONES, CORRECCIÓN

El texto toma dos formas: mayúscula y minúscula insular. La mayoría de las páginas se escribieron en mayúscula, un grado superior de escritura, en el que los verticales de *b*, *l* y *t* forman curvas en lugar de líneas verticales. La letra *a* se asemeja a la forma *oc*, aunque se usa también la *a* uncial (como un *A* mayúscula en la tipografía moderna), particularmente en los extremos de las líneas. En f. 81v [pág. anterior] una forma exagerada se utiliza para *ad* al final de la línea 4. La minúscula, un guión más angular y comprimido, se utilizó intermitentemente.

Para lograr un margen derecho justificado, las letras *m*, *n* y *u* estaban comúnmente giradas en sus lados, mientras que la letra final de una línea podría colocarse por debajo del resto de la palabra. Donde el efecto caligráfico tomó precedencia sobre la legibilidad, los escribas recurrieron a la silabificación poco ortodoxa: en f. 213r la palabra *ab* comienza y termina, extrañamente, en líneas separadas. Algunas líneas de texto se terminaron en espacios en la línea superior. Más tarde, los escribas irlandeses llamaron a este dispositivo «cabeza bajo el ala» (*ceann fa eite*) o «giro en el camino» (*cor fa fasam*). Los escribas podrían ser erráticos, resultando en lecturas sin sentido. En Juan 5.3 (f. 303r), *caelorum* («de los cielos») es un error por *caecorum* («de ciego») en el pasaje: «En éstos hay una gran multitud de enfermos, de ciegos, de cojos...»

Hubo campañas esporádicas de corrección. Una larga omisión en f. 146v se dispuso al pie de la página [izquierda], el lector guiado por elegantes cruces formadas por puntos rojos. En f. 278r, en Lucas 22.52 [abajo], *principes* («jefe») se cambió perfectamente por *principis*: el escriba expurgó la *e* con un punto e insertó una *i* encima de él.

Las páginas principales se ejecutaban normalmente en hojas simples, pero la página *Xi Ro* (f. 34r) [pág. 2] tenía texto en el reverso. Aquí se marcó y se dibujaron los reglones con gran cuidado para asegurarse de que el lado decorado no se agujereada.

Pág. anterior Una forma exagerada de *a* se utiliza al final de la línea 4 para la palabra *ad*, en el momento donde Jesús pide a los apóstoles que sean como niños pequeños (Mateo 17.26–18.6). (f. 81v)

Arriba Una omisión importante de Marcos 6.17–18 está marcada con una cruz roja punteada. Otra cruz roja a pie de página señala el texto que falta. (f. 146v)

Abajo La palabra *principes* («jefe»; Lucas 22.52) fue corregida a *principis* a través de la no acentuación de la *e* y su sustitución, arriba, por la letra *i*. (f. 278r)

LOS ESCRIBAS

Los escribas tenían un alto estatus en la Irlanda medieval. El Libro de Kells fue producido por al menos cuatro escribas importantes, operando en diferentes niveles de experiencia, y con diversos enfoques de la combinación de guión y ornamento. Todos fueron entrenados en los mismos estilos del *scriptorium*. Las identificaciones no siempre son claras, y las divisiones propuestas aquí podrían ser refinadas aún más. Más de una mano se puede ver en una serie de páginas. Es difícil escapar a la conclusión de que el Libro de Kells fue ensamblado, por el Escriba B, de textos copiados durante un largo período. No da la apariencia de haber sido planificado de forma coherente por adelantado y ejecutado estrictamente a ese plan.

ESCRIBA A

El Escriba A copió todo el Evangelio según Juan (ff. 292v–339v), y comenzó tanto los textos preliminares (ff. 1r, 8v–19v) como el Evangelio según Marcos (ff. 130v–140v). Puede que haya participado en la planificación y el diseño de las tablas canónicas. En ff. 5v y 6r las tablas canónicas son del Escriba B, trabajando bajo un patrón de cuadrícula que se superpuso al marcado y a los renglones para 19 líneas de texto de una sola columna [pág. 14 abajo]. Como ese formato había sido utilizado por el Escriba A para los textos preliminares, parece que el Escriba B adaptó hojas de vitela previamente preparadas por A con un propósito diferente.

El Escriba A era sobrio y conservador, escribiendo en un estilo que se parece al de los Evangelios de Durham del siglo VIII (biblioteca de la catedral de Durham, MS A.II.17). Probablemente fue el primero de los escribas. Puede ser posible identificarlo con Connachtach, un abad de Iona que murió en 802. De acuerdo con los Anales de los Cuatro Maestros, tenía una reputación de «escriba por elección» (*scribneoir tocchaide*). Las formas de las letras del Escriba A son un poco más compactas que las de los otros escribas, con ascendentes más cortos. Sus líneas de texto son un poco más largas. Utiliza una s más vertical, y una forma distintiva, redondeada de *N* inicial.

Tendía a no decorar su trabajo, dejando a otros para completar la página. En algunas páginas, como f. 311r, donde se insta a Jesús a ir a la fiesta de los tabernáculos en Judea (Juan 6.64–7.1), esta práctica dio lugar a una página que es maravillosamente coherente, y sin extravagancias [pág. siguiente].

En f. 296v [arriba] el Escriba A no dejaba espacio para las letras iniciales decoradas, de modo que se tenía que añadir una *R* inicial en el margen.

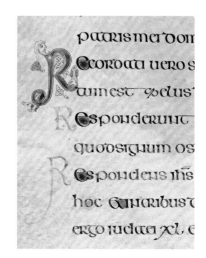

Arriba Aquí, el Escriba A no deja espacio para las letras iniciales. La primera *R* se incorporó en esa época; las dos más abajo parece que se añadieron en el siglo XVI por Gerald Plunket. (f. 296v)

Pág. siguiente La línea 2 comienza *Et dicebat* («Él dijo»), y el Escriba A indica el discurso de Jesús con la lengua de un león en *Et*. (f. 311r) credentes &quis traditurus esset eum ·:·

Et dicebat propterea dixi uobis qu

ia nemo potest uenire ad me nisi fuerit

ei datum a patre meo ex hoc multi discipu

lorum eius abierunt retro et iam non cum

illo ambulabant ·:· Dixit ergo ihs ad

xii numquid & uos uultis abire ·:·

Respondit ergo ei simon petrus dne ad

quem ibimus uerba uitae aeternae ·:·

habes & nos credidimus & cognouimus

quia tu es xps filius di ·:·

Respondit eis ihs nonne ego uos xii elegi

& unus ex uobis zabulus est dicebat

autem iudam simonis scariothis hic enim

erat traditurus eum cum esset & unus xii

Post haec autem ambulabat ihs in ga

lileam non enim uolebat in iudeam

ambulare quoniam quaerebant eum

ESCRIBA B

El escriba B trabajó en las tablas canónicas finales (ff. 5v–6r), y proporcionó los números y las rúbricas canónicos (títulos o encabezados, a menudo en tinta roja) a los cánones más tempranos en ff. 1v–5r [págs. 20–21]. Su contribución más sustancial fue completar los textos preliminares en ff. 20r-26v, usando escritura minúscula y tintas de color púrpura, amarillo, rojo y negro carbón [pág. 42 arriba, y pág. siguiente]. Estas son algunas de las páginas más brillantes del manuscrito.

El Escriba B parece haber trabajado a través de secciones del manuscrito, tratando de completar textualmente y complementar la decoración. Añadió rúbricas en espacios dejados por A en los textos preliminares en ff. 11v, 13r, 15v, 16v y 18r, en los tres primeros de los cuales él también proporcionó mayúsculas [págs. 6–7]. Completó el Evangelio según Mateo entre f. 125v y f. 129r, sobre todo en negro carbón. Añadió una breve rúbrica para Marcos en tinta roja en f. 129r y marcó el final del Evangelio según Lucas y el comienzo del de Juan en f. 290r con rúbricas exuberantes que, con repetición, casi cubren la página.

El Escriba B tenía la inclinación de intervenir en las páginas que el escriba original habría considerado como terminadas. Las palabras de Mateo 26.31, *Tunc dicit illis iesus omnes uos scan [dalum]* («Entonces Jesús les dijo: Esta noche os apartaréis todos de mí»), ya estaban destacadas en capitulares en f. 114v, pero las copió exactamente, en la misma página, en rojo con rellenos morados, hasta la última palabra incompleta [pág. 26 abajo a la izquierda]. En f. 183r, colocó el texto *Et crucifigentes eum diuiser [runt]* («y crucificándole, se repartieron», Marcos 15.24) en un espacio previamente en blanco, levantando esa línea desde la misma posición en la página de enfrente, f. 182v, sin ningún pensamiento claro sobre su propósito.

B fue el escriba que suprimió f. 218v [pág. 84], ya que esa página contiene el mismo texto que el introducido f. 219r, siendo un reflejo del mismo, con su característica tinta roja para dibujar cruces alrededor y dentro del texto y para añadir imágenes eucarísticas en las esquinas. Cálices y vides, y el desplazamiento interlineal, sobre todo en rojo con amarillo, se puede ver en muchas páginas, a menudo imponiéndose sobre la decoración que ya existía. El escriba B es un candidato obvio como autor de estas intervenciones. Se presenta como una personalidad supremamente talentosa pero inquieta, que estaba activo cuando los escribas que habían ido antes que él no estaban en posición de ofrecer orientación o moderación.

Arriba Una página del Escriba C fue suprimida por el Escriba B con cruces rojas alrededor y a través del texto, ya que el mismo texto se encontraba en la página opuesta que había sido insertada. (f. 218v)

Página siguiente El Escriba B utilizó tintas púrpuras, rojas, negro carbón, y amarillo para las *Breves causae* de Juan. Un león extendido y una elaborada *o* forman las dos primeras letras de *Iohannis*. (f. 24r)

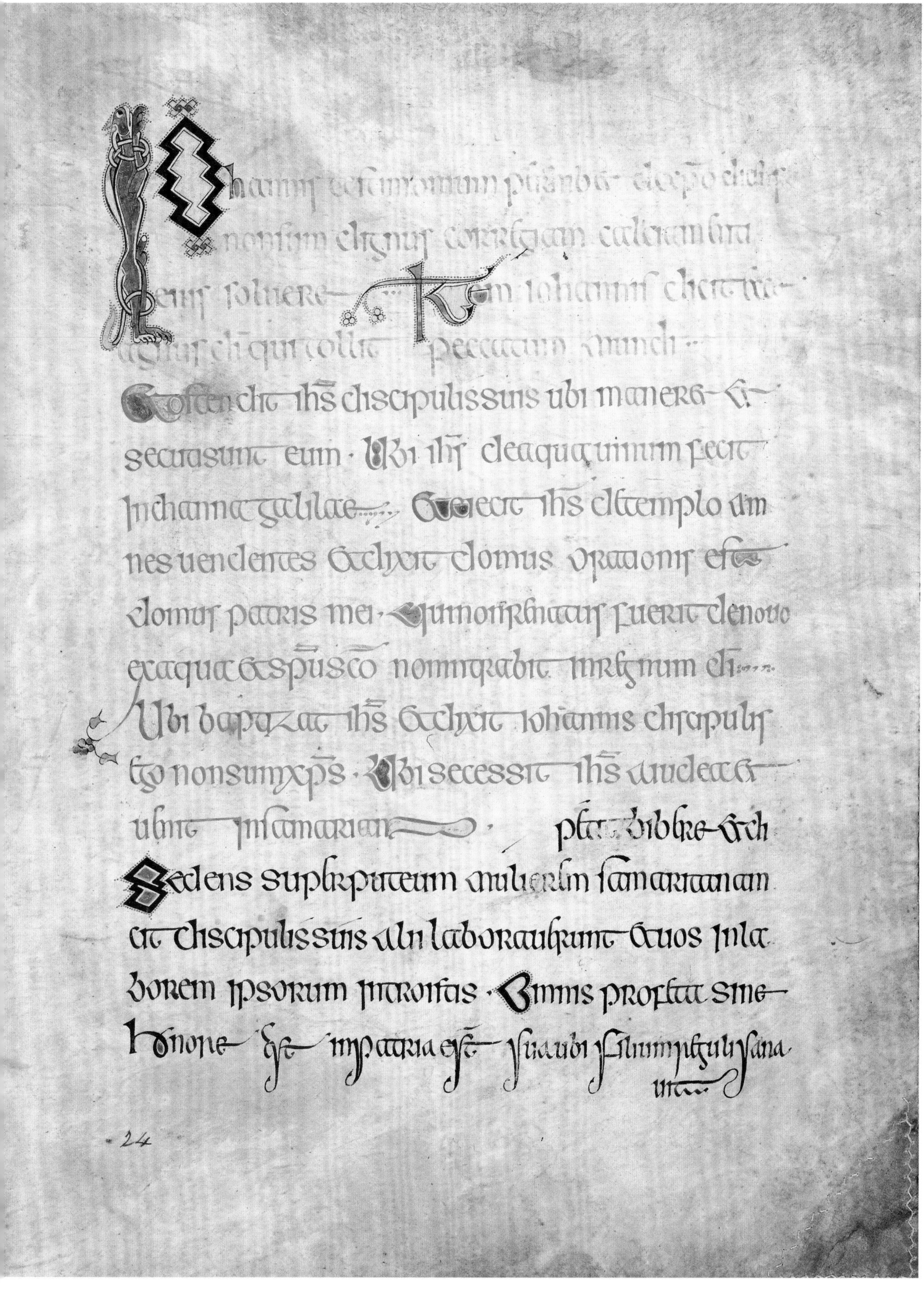

Iohannis testimonium phianbus dicepso diebg
nonsum dignus coterigiam calciamenti
eius soluere · Ecum iohannis dicit ecce
agnus di qui tollit peccatum mundi ·

Costendit ihs discipulis suis ubi manere · Et
secutisunt eum · Ubi ihs deaqua uinum fecit
Inchanna galilae · Euiecit ihs eltemplo om
nes uendentes ōdixit domus orationis est
domus patris mei · Quinonrenatus fuerit denouo
exaqua ōspusco nonintrabit inregnum di ·
Ubi baptizat ihs ōdixit iohannis discipulis
ego nonsum xps · Ubi secessit ihs iudea ōt
ibat Insamariam · ptea biblie ōch

Sedens supirputeum mulierem samaritanam
et discipulis suis abi laborauerunt ōuos Inla
borem ipsorum Introistis · Omnis propheta sine
honore ht Inpatria est · Sanaudi filiumreguli sana
uit ·

24

Ae autem praegnatabus et
nutriatabus millis diebus :·

Orate autem ut non fiat fuga
uestra hieme · uel sabbato

Erit enim tunc tribulatio magna
qualis nonfuit abinitio mun
di usque modo neque fit

Et nisi breuiata fuissent dies
illi nonfieret salua om
nis caro sedpropter electos bre
uiabuntur dies illi :·

Tunc siquis uobis dixerit ecce
hic xps autillic nolite credere

Surgent · enim pseudo xpi et
pseudo prophetae et dabunt
signa magna et prodigia ut in erro
rem inducantur si fieri potest etiam

ESCRIBAS C Y D

Los Escribas C y D copiaron la mayoría de la actividad integradora artística y escribana de Mateo, Marcos y Lucas. El Escriba C copió ff. 35r–87v (Mateo) [pág. 69], 141r–163v (Marcos) [pág. 8], 189r–202r [pág. 32] y 203v–243v (Lucas), y quizás ff. 29v–31v (Mateo). El Escriba D está en ff. 88r–125v (Mateo) [pág. 73], 164r–187v (Marcos) [págs. 78–79], y 243v–289r (Lucas) [pág. 75].

El texto del Escriba C es estable y practicado. Con una habilidad medida en la formación de iniciales alrededor de formas animales, tales como la decoración de la genealogía de Jesús en f. 200r, con una estrecha relación entre la última letra de *maath* y el pie del guerrero en la esquina inferior derecha [abajo a la derecha].

Al ajustar menos texto a la página que C, las letras del Escriba D tienen ascendentes más largos y una altura ligeramente mayor, alrededor de 2 mm más para la *b* y la *d*. Su *o* toma una forma más oval. Su tinta es un poco más oscura que la de C. Hizo más uso de letras o palabras alargadas, especialmente en los extremos de los versos, y tenía una tendencia a aislarlos centralmente. En f. 271v [págs. 90–91], tanto *uestras* como *eius* están centrados, terminando este último con la letra *s* en forma de una cruz dinámica, concebida con una imaginación impresionante.

El Escriba D fue capaz de una brillante improvisación, notablemente en su pintura de Jesús entrando en Jerusalén (f. 255v) [pág. 93], que se integra con las palabras *unum de* («uno de», Lucas 17.2) por encima de ella. La tonsura se forma exagerando los trazos terminales de *m*, y la melena del asno fluye de la letra *e*.

Pág. anterior El Escriba D: en la línea 12 la cabeza de un león forma la barra de la *T* de *Tunc* (Mateo 24.23), mira hacia abajo a la predicción de la llegada del falso Cristo y de los falsos profetas. (f. 104r)

Abajo El Escriba D: las letras iniciales de las palabras claves en el discurso de Cristo a los bienaventurados en el juicio final (Mateo 25.35–37) están dispuestas en línea vertical. (f. 110r)

Abajo a la dcha. El Escriba C: en la genealogía de Jesús (Lucas 3.26), un guerrero sostiene una lanza. Sus genitales están en paralelo a la lanza, refiriéndose a la creación de Jesús y a su muerte. (f. 200r)

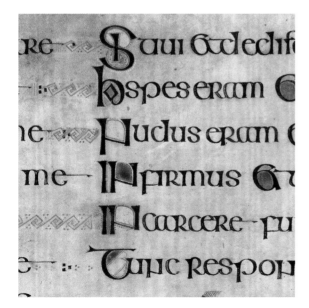

LOS ARTISTAS

Tres artistas fueron definidos por el historiador y arqueólogo de arte Françoise Henry como: el «Orfebre», el «Pintor de retratos» y el «Ilustrador». El uso del Orfebre del azul plateado y amarillo dorado, y lo «incisivo de corte limpio de sus patrones increíblemente complejo», evocan la metalistería. Ella vio su mano en la cruz de ocho círculos (33r) [pág. 18], el *Xi Ro* (34r) [pág. 2], la sección superior de las tablas canónicas en 5r [pág. 21], y las aperturas de los Evangelios en 29r (*Liber*), 130r (*Initium*) [pág. 31], y 292r (*In principio*) [pág. 35]. En el esquema de Henry, el «Pintor de retratos» era responsable de los retratos de Cristo (32v) [pág. 27] y de Mateo (28v) [pág. 56] y Juan (291v) [pág. 57], y tal vez de la página de símbolos del Evangelio según Mateo (27v) [pág. 54]. El «Ilustrador» pintó figuras – «raras e inmóviles pero impresionantes» – en 7v (Virgen y Niño) [pág. 22 y abajo], 114r (el «arresto», ahora interpretado como Cristo en el monte de los Olivos) [pág. 71], 202v (la tentación) [pág. 70], y tal vez 290v (los símbolos evangelistas) [pág. 55].

William O'Sullivan prefirió ver a al «Pintor de retratos» y al «Ilustrador» como un solo artista. Jonathan Alexander propuso, «con mucha incertidumbre», una división entre dos artistas principales, el primer artista que pinta ff. 32v, 33r, 34r y tal vez 130r [págs. 27, 18, 2, 30], mientras que el otro pintó ff. 7v–8r, 28v, 29r, 114r y 291v–292r [págs. 22, 25, 56, 71, 57, 35]. Alexander expresó dudas acerca de ff. 202v y 290v [págs. 70, 55] (quizás por el primer artista), y atribuyó provisionalmente ff. 27v, 129v y 188r [págs. 54, 30, 33], junto con la mayoría de las tablas canónicas, al segundo artista.[42] Se ha prestado poca atención a la pregunta de si los que produjeron las páginas principales del manuscrito también fueron sus escribas.

Abajo La página de la Virgen y el Niño (véase pág. 22) ha sido considerada como trabajo del «Pintor de retratos». (f. 7v)

Pág. siguiente Un detalle de la página *Xi Ro* (véase pág. 4), atribuido al «Orfebre». Serpientes, de color azul, forman una cruz de san Andrés entre leones amarillos y pavos reales verdes. (f. 34r)

Al dorso En Lucas 21.19–21, Jesús predice la destrucción de Jerusalén. El texto está escrito espaciadamente por el Escriba D, con púrpura, denotando la Pasión, el color dominante en las iniciales. (f. 271v)

entia uestra pos

uest

N autem u

ab exeratu h

tote quiauto prop

eu a ✠

Unequimu

inin ontes et

idebitis optimas

et as

derias circumdari

rusalem ab iesa

nquauit desolatio

ea sunt fugiant

in medio eius disce꜡

MATERIALES Y PIGMENTOS

VITELA

El ganado era el pilar de la economía irlandesa. El Libro de Kells fue escrito en vitela hecha de piel de becerro. Se ha calculado, aunque de forma imprecisa, que se necesitaron 185 terneros, producto de grandes rebaños, para el manuscrito original.[43]

Para producir la vitela, la piel se remojó en un baño de cal, raspó y secó bajo tensión sobre un marco de madera. Los desechos residuales se eliminaron utilizando un cuchillo en forma de media luna, teniendo cuidado de evitar cortes en la piel.

La vitela de Kells no es uniforme, variando en calidad, grosor y tono de marfil a marrón oscuro. La mayoría de las hojas fueron cortadas con la columna vertebral del becerro transcurriendo horizontalmente en el centro de la abertura, pero, por razones de economía, la columna vertebral transcurre en línea vertical en medio de algunas páginas. Algunas hojas eran imperfectas: los márgenes de ff. 185 y 246 tienen grandes agujeros alrededor de los cuales los escribas encajaron el texto [derecha], mientras que un agujero en f. 316 fue remendado y se escribió sobre él.

HERRAMIENTAS Y MÉTODOS

Los renglones de las páginas se realizaron con una herramienta de madera o hueso, guiados por agujeros hechos con una aguja o la punta de un cuchillo. Las plumas fueron fabricadas de las primeras cinco plumas endurecidas de un ganso o cisne. Se cortó una punta ancha, generalmente sostenida en ángulo recto a la página, dando lugar a amplios trazos verticales y trazos horizontales estrechos. En secciones de f. 117v la punta estaba un poco extendida, o tal vez no estaba completamente cargada de tinta [derecha, abajo].

Un tintero formado por un cuerno de vaca se puede ver junto al pie derecho de Juan (f. 291v) [pág. 57]. Adomnán describe a un torpe visitante que golpea el tintero de Columba.[44] El libro que sostiene Juan, encuadernado en cuero rojizo y púrpura, puede parecerse al manuscrito original.

Los diseños de las páginas fueron instruidos por la geometría constructiva de elegancia considerable, utilizando compases y una regla como herramientas básicas. No se ha dilucidado cómo se ha conseguido el detalle microscópico de algunos diseños.[45]

Abajo El texto de Lucas 13.28–33 (enseñanzas de Jesús en su camino a Jerusalén) se ha añadido alrededor de un gran agujero en la vitela. (f. 246r)

Parte inferior La punta de la pluma aquí parece que ha sido ligeramente extendida, o que no se haya cargado del todo con tinta. (f. 117v)

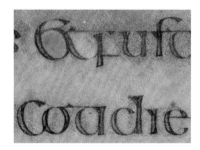

PIGMENTOS Y TINTAS

La mayor parte del texto fue escrito con una tinta ferrogálica parduzca, hecha de manzanas de roble machacadas y sulfato de hierro en un medio de goma y agua. En varias páginas se utilizó una tinta más negra y contrastada de carbón, hecha del negro de la lámpara o del hollín.

La paleta de pigmentos orgánicos y minerales era rica, variada, y en lugares a capas. Las investigaciones que utilizaron la espectroscopía micro-Raman confirmaron que los artistas utilizaron el rojo anaranjado del plomo rojo (óxido de plomo), y el amarillo del oropimente (sulfuro del arsénico), conocido en la Edad Media como *auripigmentum* (pigmento del oro), brillando como oro en la página. Donde previamente se creía que los azules provenían del lapislázuli, un mineral disponible en el momento solo en Afganistán, el estudio Raman mostró que los artistas usaban añil (*Isatis tinctoria*), que estaba disponible localmente, y confirmó que las sombras de un verde suave, conocido como *vergaut*, se consiguieron combinando oropimente e índigo. Los verdes más brillantes se hicieron de verdigris, con un alto contenido de cobre que ha llevado a la inestabilidad y a la degradación de la superficie del pergamino: la capa verde usada por Jesús en f. 255v casi ha desaparecido [abajo]. Un pigmento blanco, más visible en las caras, fue identificado como el yeso mineral.[46] Mediciones de la decadencia de la vida de la luminiscencia han identificado la orceína, un colorante producido a partir del liquen, como fuente de morados.[47]

A la derecha El manto de Jesús mientras monta hacia Jerusalén, ha sufrido la inestabilidad del pigmento verde de cobre, que ha desaparecido a través de la vitela. (f. 255v)

NOTAS

1   Giraldus Cambrensis, *The History and Topography of Ireland* [*Topography Hiberniae*], trad. John J. O'Meara (rev. edn Mountrath 1982), pág.84.

2   *Annals of Tigernach. The continuation, A.D. 1088–A.D. 1178*, ed. Whitley Stokes, *Revue celtique* 18 (Paris 1897), pág.12.

3   *St Cuthbert Gospel*, pág. 1–3.

4   Para la estructura del coro, véase Meehan (2012), pág.243–49.

5   Houghton (2016).

6   Farr (2007), pág.122–25.

7   Folda (2007).

8   Clancy y Márkus (1995), pág.183.

9   John Chapman, 'The four prologues: their text and their meaning', en *Notes on the early history of the Vulgate Gospels* (Oxford 1908), pág.223.

10 Ibid., pág.236.

11 Dublín, Museo Nacional de Irlanda, 06EO786: 13.

12 Henderson (2001), pág.160.

13 O'Sullivan, William, 'Manuscripts and palaeography', en *A new history of Ireland*, vol. 1, *Prehistoric and Early Ireland*, ed. Dáibhí Ó Cróinín (Oxford 2005), pág. 511–48, en pág. 524, 528; *The Durham Gospels: together with fragments of a Gospel book in uncial: Durham Cathedral Library*, MS A.II.17, ed. C. D. Verey *et al.* (Copenhagen 1980), pág. 73, 106.

14 Francis Newton y Robert B. Babcock, 'Fragments of a Latin gospel book in Insular majuscule similar to the script of the Book of Kells', en *An Insular Odyssey: manuscript culture in Early Christian Ireland and beyond*, ed. Rachel Moss, Felicity O'Mahony y Jane Maxwell (publicación próximamente, Dublín 2017).

15 Clancy y Márkus (1995), pág. 53.

16 New York, biblioteca y museo Morgan, Glazier 67.

17 St Augustine, Sermons, 261; trad. y ed. Henry Bettenson, *The later Christian Fathers: A selection from the writings of the Fathers from St. Cyril of Jerusalem to St. Leo the Great* (Oxford 1970, 1977), pág. 222.

18 Citado por Clancy y Márkus (1995), pág. 21 y n. 85.

19 Isidore (2006), págs. 160–61.

20 Adomnán (1995), págs. 14–15.

21 Werner (1994), págs. 475–81. Una copia de la descripción de Arculf sobrevive en Viena, Nationalbibliothek, Cod. 458, folio 4v. Véase Denis Meehan, ed., *Adamnan's De locis Sanctis* (Dublín 1958), pág. opuesta 47.

22 O'Reilly (1998), págs. 49–94.

23 *Physiologus* (2009), pág. 3.

24 Ó Carragáin (1988), págs. 4–5.

25 *Physiologus* (2009), págs. 3–4.

26 Ibid., págs. 42–45.

27 Isidore (2006), pág. 251.

28 Lewis (1980), pág. 144.

29 Isidore (2006), pág. 258.

30 City of God, xxi.4. Disponible en http://www.newadvent.org/fathers/120121.htm (acceso julio 2011).

31 *Physiologus* (2009), pág. 58.

32 Florence McCulloch, *Mediaeval Latin and French Bestiaries* (Chapel Hill 1962), págs. 120–22.

33 Adomnán (1995), pág. 104.

34 Peter Harbison, 'Christ praying on the Mount of Olives – not the arrest', *Archaeology Ireland* (Spring 2011), págs. 9–12. Véase también Daniel P. McCarthy, 'The illustration and text of the Book of Kells, folio 114r', *Studies in iconography* 35 (2014), págs. 1–38.

35 Farr (1997); O'Reilly (1993); Ó Carragáin (1994); Farr (2011).

36 O'Reilly (1994); Farr (1997), págs. 51–103; Heather Pulliam, '"The Chalice of Devils": The Book of Kells eucharistic imagery reconsidered', artículo presentado en el Congreso Internacional Medieval, Leeds, julio 2004, sin publicar.

37 Kelly (1997), págs. 102–3.

38 Henderson (2001) pág. 159.

39 La primera referencia explícita al asno en Irlanda no aparece hasta finales del siglo XII: Kelly (1997), págs. 131–32.

40 Harbison (1992), figs 859–62, 864.

41 Pulliam (2006), pág. 89.

42 Françoise Henry, *Irish art in the Early Christian period* (Londres 1940), pág. 144 ff.; Henry (1974), pág. 212. William O'Sullivan, *The Book of Kells. An introductory note to a selection of thirty-six colour slides* (Dublín 1967), pág. 3. J. J. G. Alexander, 'Questions of Style: the Artists', en *Kells commentary* (1990), págs. 285–87.

43 Casey (2017).

44 Adomnán (1995), 1.25, págs. 129–30.

45 Meehan (2012), págs. 233–36; John L. Cisne, 'Stereoscopic comparison as the long-lost secret to microscopically detailed illumination like the Book of Kells', *Perception* 38 (2009), págs. 1087–1103.

46 S. Bioletti, R. Leahy, J. Fields, B. Meehan and W. Blau, 'The examination of the Book of Kells using micro-Raman spectroscopy', *Journal of Raman spectroscopy* 40/8 (2009), págs. 1043–49.

47 A. Romani, C. Clementi, C. Miliani, B. G. Brunetti, A. Sgamellotti y G. Favaro, 'Portable equipment for luminescence lifetime measurements on surfaces', *Applied spectroscopy* 62/12 (2008), págs. 1395–99.

BIBLIOGRAFÍA PRINCIPAL

Adomnán (1995)
Adomnán of Iona, *Life of St Columba*, ed. R. Sharpe (Londres 1995)

J. J. G. Alexander, *Insular manuscripts, 6th to the 9th century*. A survey of manuscripts illuminated in the British Isles, 1 (Londres 1978)

Casey (2017)
Denis Casey, 'How many cows did it take to make the Book of Kells?', en *An Insular Odyssey: manuscript culture in early Christian Ireland and beyond*, ed. Rachel Moss, Felicity O'Mahony y Jane Maxwell (publicación próximamente, Dublín 2017)

Clancy and Márkus (1995)
T. O. Clancy y G Márkus, *Iona: The earliest poetry of a Celtic monastery* (Edimburgo 1995)

Codices latini antiquiores: a palaeographical guide to Latin manuscripts prior to the ninth century, ed. E. A. Lowe, I–XI, Supl. (1934–72)

Farr (1997)
Carol Farr, *The Book of Kells: its function and audience* (Londres 1997)

Farr (2007)
Carol A. Farr, 'Bis per chorum hinc et inde: The "Virgin and Child with Angels" in the Book of Kells', en *Text, image, interpretation: Studies in Anglo-Saxon literature and its Insular context in honour of Éamonn Ó Carragáin*, ed. Alastair Minnis y Jane Roberts (Turnhout 2007), págs. 117–34

Farr (2011)
Carol Farr, 'Cosmological and eschatological images in the Book of Kells: Folios 32v and 114r', en *Listen, O Isles, unto me: Studies in medieval word and image in honour of Jennifer O'Reilly*, ed. E. Mullins y D. Scully (Cork 2011), págs. 291–301

Folda (2007)
J. Folda, 'Crusader artistic interactions with the Mongols in the thirteenth century: Figural imagery, weapons, and the Çintamani design', en *Interactions: Artistic interchange between the Eastern and Western worlds in the medieval period*, ed. C. Hourihane (Pennsylvania 2007) págs. 344–98

Harbison (1992)
Peter Harbison, *The high crosses of Ireland: an iconographical and photographic survey* (Bonn 1992)

Harbison (1985)
Peter Harbison, 'Three miniatures in the Book of Kells', *Proceedings of the Royal Irish Academy*, 85 C (1985), págs. 181–94

George Henderson, *From Durrow to Kells: The Insular Gospel-books 650–800* (Londres 1987)

Henderson (2001)
George Henderson, 'The Barberini Gospels as a paradigm of Insular art', en *Pattern and purpose* (Oxford 2001), págs. 157–68

Henry (1974)
Françoise Henry, *The Book of Kells: Reproductions from the Manuscript in Trinity College, Dublin, with a Study of the Manuscript by Françoise Henry* (Londres 1974)

Isidore (2006)
S. A. Barney, W. J. Lewis, J. A. Beach y Oliver Berghof, trad. *The Etymologies of Isidore of Seville* (Cambridge 2006)

Kells commentary (1990)
The Book of Kells, MS 58, Trinity College Library Dublin: Commentary, ed. Peter Fox (Faksimile Verlag Luzern 1990)

Kells conference proceedings (1994)
The Book of Kells: Proceedings of a conference at Trinity College Dublin, 6–9 September 1992, ed. Felicity O'Mahony (Dublin 1994)

Kelly (1997)
Fergus Kelly, *Early Irish farming: A study based mainly on the law-texts of the 7th and 8th centuries* AD (Dublín 1997)

Lewis (1980)
Suzanne Lewis, 'Sacred calligraphy: The Chi Rho page in the Book of Kells', *Traditio* 36 (1980) págs. 139–59

Paul Mayvaert, 'The Book of Kells and Iona', *The Art Bulletin*, 71 (1989), págs. 6–19

Bernard Meehan, *The Book of Kells: an illustrated introduction to the manuscript in Trinity College Dublin* (Londres 1994)

Bernard Meehan, *The Book of Durrow: a medieval masterpiece at Trinity College Dublin* (Dublin 1996)

Bernard Meehan, 'The Book of Kells and the Corbie Psalter (with a note on Harley 2788)', en *Studies in the illustration of the psalter*, ed. Brendan Cassidy y Rosemary Muir Wright (Stamford 2000), págs. 12–23

Meehan (2007)
Bernard Meehan, 'Looking the Devil in the eye: the figure of Satan in the Book of Kells folio 202v', en *Making and meaning in Insular art. Proceedings of the fifth international conference on Insular art held at Trinity College Dublin, 25–28 August 2005*, ed. R. Moss (Dublín 2007), págs. 268–74

Meehan (2012)
Bernard Meehan, *The Book of Kells* (Londres 2012)

Ó Carragáin (1988)
Éamonn Ó Carragáin, 'The meeting of St Paul and St Anthony: Visual and literary uses of a eucharistic motif', en *Keimelia: Studies in archaeology and history in honour of Tom Delaney*, ed. G. MacNiocaill y P. F. Wallace (Galway 1988), págs. 1–58

Ó Carragáin (1994)
Éamonn Ó Carragáin, '"Traditio Evangeliorum" and "Sustentatio": the relevance of liturgical ceremonies to the Book of Kells', en *Kells conference proceedings* (1994)

O'Reilly (1993)
Jennifer O'Reilly, 'The Book of Kells, folio 114r: a mystery revealed yet concealed', en *The Age of Migrating Ideas: Early Medieval Art in Northern Britain and Ireland*, ed. R. Michael Spearman y John Higgitt (Edimburgo 1993) págs. 106–14

O'Reilly (1994)
Jennifer O'Reilly, 'Exegesis and the Book of Kells: the Lucan genealogies', en *Kells conference proceedings* (1994)

O'Reilly (1998)
Jennifer O'Reilly, 'Patristic and Insular traditions of the Evangelists: Exegesis and iconography of the four-symbols page', en *Le isole Britanniche e Roma in etá romanobarbarica*, 1, ed. A. M. L. Fadda and É. Ó. Carragáin (Roma 1998), págs. 66–94

Physiologus (2009)
Physiologus: A medieval book of nature lore, trad. M. J. Curley (2ª edn, Chicago y Londres 2009)

Pulliam (2006)
Heather Pulliam, *Word and Image in the Book of Kells* (Dublín 2006)

St Cuthbert Gospel (2015)
The St Cuthbert Gospel: Studies on the Insular Gospel of John (British Library MS Add 89000), ed. Claire Breay y Bernard Meehan (Londres 2015)

Werner (1994)
Martin Werner, 'Crucifixi, Sepulti, Suscitati: remarks on the decoration of the Book of Kells', en *Kells conference proceedings* (1994)

Martin Werner, 'Three Works on the Book of Kells' en *Peritia* 11 (1997), págs. 250–326

ÍNDICE